Bibliografische Information der Deutschen Nationalbibliothek:

Die Deutsche Bibliothek verzeichnet diese Publikation in der Deutschen National-
bibliografie; detaillierte bibliografische Daten sind im Internet über http://dnb.d-
nb.de/ abrufbar.

Impressum:

Copyright © 2006 GRIN Verlag, Open Publishing GmbH
Druck und Bindung: Books on Demand GmbH, Norderstedt Germany
ISBN: 9783668340282

Dieses Buch bei GRIN:

http://www.grin.com/de/e-book/92749/handel-in-der-innenstadt-aktuelle-situation-
und-probleme-der-peripherieansiedlung

Thomas Czisch, André Pointmaier, Stefan Molkentin

Handel in der Innenstadt. Aktuelle Situation und Probleme der Peripherieansiedlung

GRIN Verlag

GRIN - Your knowledge has value

Der GRIN Verlag publiziert seit 1998 wissenschaftliche Arbeiten von Studenten, Hochschullehrern und anderen Akademikern als eBook und gedrucktes Buch. Die Verlagswebsite www.grin.com ist die ideale Plattform zur Veröffentlichung von Hausarbeiten, Abschlussarbeiten, wissenschaftlichen Aufsätzen, Dissertationen und Fachbüchern.

Besuchen Sie uns im Internet:

http://www.grin.com/

http://www.facebook.com/grincom

http://www.twitter.com/grin_com

HANDEL IN DER INNENSTADT – AKTUELLE SITUATION UND PROBLEME MIT DER PERIPHERIEANSIEDLUNG

eingereicht als

Hausarbeit

an der

Fachbereich Wirtschaft
Im Studiengang Management im Handel

von

Thomas Czisch
André Pointmayer
Stefan Molkentin

Bremen, 2006

ABBILDUNGSVERZEICHNIS

ABKÜRZUNGSVERZEICHNIS

ABB.	ABBILDUNG
EKZ	EINKAUFSZENTRUM
POS	POINT OF SALE
SOG	SOGENANNT
BZW.	BEZIEHUNGSWEISE
Z.B.	ZUM BEISPIEL
OHZ	OSTERHOLZ-SCHARMBECK
PPP	PUBLIC-PARTNERSHIP-MODELL

INHALTSVERZEICHNIS

1 EINLEITUNG

1.1. Problemstellung

Schlägt man in einem der gängigen Lexika nach, so erhält man für den Begriff INNENSTADT eine Vielzahl von Erläuterungen. Laut der Internetseite Wikipedia sei die Innenstadt, der Stadtteil, welcher umgangssprachlich so genannt wird, da er keinen separat ausgewiesenen Namen trägt. Würde man noch weiter suchen, so käme man zu einer Vielzahl von Behauptungen, doch in einer Position sind sich alle einig: die Innenstadt entstand vorwiegend im Kern einer Stadt. Innenstädte sind von Menschen für Menschen geschaffen worden und haben in der Vergangenheit für den Menschen eine Fülle an Funktionen erfüllt. Die Stadt war Zufluchtsort, Wohnort, Handelsplatz sowie Zentrum der politischen und kirchlichen Macht.[1] Traditionell und orientiert an dieser vorherrschenden Multifunktionalität siedelten sich an diesen Standort die Einzelhandelsbetriebe an.

Mittlerweile aber verliert die Innenstadt mehr und mehr an Attraktivität, verliert ihre Rolle der Multifunktionalität und insbesondere neuentstandene Standorte – außerhalb der Innenstadt auf der „grünen Wiese" – lassen die Innenstadt in einen Konkurrenzkampf treten und ihre traditionellen Qualitäten und Merkmale verschwinden.

Unabhängig von gewachsenen Strukturen entstehen zahlreiche Einzelhandelsformen unter dem Begriff „grüne Wiese", welche TIETZ als „das neue sekundäre Ladennetz an autokundenorientierten Standorten am Rande oder außerhalb von Siedlungsgebieten" beschreibt und als „Feindbild Nr. 1" von den innerstädtischen Einzelhändlern tituliert werden[2]

Die Industrie- und Handelskammer (IHK) warnt vor einer Verödung der Innenstädte, die Konkurrenz der Einkaufszentren mache den mittelständischen Einzelhändlern schwer zu schaffen und mit alteingesessenen Fachgeschäften verliere die Stadt an Flair.[3]

Doch im Zuge aller Warnungen und Meinungen, was ist das Kernproblem mit dem eine Innenstadt heutzutage zu kämpfen hat?

Wer ist an diesem Problem beteiligt und wer könnte einer Verödung entgegenwirken?

Welche Bedeutung kommt der Innenstadt heute und in Zukunft zu?

Ist es „nur" das veränderte Konsumverhalten der Konsumenten, welche ein umfangreiches Warensortiment, günstige Verkehrsanbindungen, gute Erreichbarkeit und ausreichende Parkplatzmöglichkeiten fordern, und somit durch eine gestiegene Mobilität, den Einkaufszentren eine höhere Akzeptanz zuführen und die Innenstädte nur noch als „veraltert" ansehen?

1.2. Ziel und Aufbau der Arbeit

Ist eine Innenstadt dazu verdammt nur noch zu einem kleinsten Teil ihrer einstigen Bedeutung und Funktion gerecht zu werden?

Ist es eine neue Art von „Nutzern", welche einen außerhalb angesiedelten „ultimativen Konsumtempel", in dem sich sämtliche Erzeugnisse und Dienstleistungen finden, der normalen Innenstadt vorziehen, so wie es die Autoren Lewis und Bridger in ihrem Buch „die neuen Konsumenten" beschreiben[4]

Die vorliegende Hausarbeit versucht diesen und weiteren Fragestellungen Aufschluss zu gewähren, wobei der **Stellenwert des Handels** und das **Spannungsfeld Innenstadt und „Grüne Wiese"** mit Schwerpunkt Innenstadt Kernpunkte der Ausarbeitung sind.

Diese Ausarbeitung wird die an einer Innenstadt beteiligten Gruppen aufzeigen und auch die Funktion eines Stadtmarketings verdeutlichen.

---

[1] Brunken/Schaper , Handeln in der Innenstadt – Kongreßband Bremer Handelssymposium, 1997, S. 15

[2] Tietz, B. , Einzelhandelsperspektiven , 1992 , S. 509

[3] Zeitungsartikel „Städte nicht veröden lassen", OHZ Kreisblatt, Donnerstag 20.04.2006

[4] Lewis/Bridger , Die neuen Konsumenten , 2001 , S. 98

Im *Kapitel 2* kommt es zu einer Darstellung der begrifflichen Grundlagen für diese Hausarbeit. Neben den Klärungen der Begriffe Standort, Innenstadt, werden die einzelnen wissenschaftlichen Bereiche einer Innenstadt verdeutlicht, sowie die besonderen Probleme einer Innenstadt dargestellt.

Übergehend zum *Kapitel 3* wird das Thema City-/Stadtmarketing aufgegriffen, welches nach einer anfänglichen allgemeinen Definition als ein Mittel der Attraktivitätssteigerung für Innenstädte von uns angesehen wird. Grundsätzlich setzen wir uns mit der Unterstützung des Stadtmarketings, einem Beitrag des Handels sowie der Zukunft eines Stadtmarketings auseinander. Hilfestellend gehen wir an dieser Stelle auf das Stadtmarketing des Bundeslandes NRW ein, welches in der Fachpresse als Musterbeispiel eines „gutlaufenden" Stadtmarketings gilt.

Kapitel 4 gibt einen Überblick über die Standortwahl auf der „grünen Wiese", und erläutert nach einer einleitenden allgemeinen Definition, die Vor- und Nachteile einer solchen Ansiedlung, als auch die Gründe und Probleme.

Kapitel 5 werden die gewonnenen Erkenntnisse auf die beiden unterschiedlichen Bereiche Innenstadt und dem Einkaufserlebnis auf der „grünen Wiese" übertragen.

An dieser Stelle setzen wir uns ausführlich mit dem Spannungsfeld dieser beiden verschiedenen Bereiche auseinander und zeigen die daraus resultierenden Probleme und Verluste auf.

In *Kapitel 6* setzen wir uns mit der Frage des Stellenwerts des Handels, sowohl für die Innenstadt, als auch daraus folgernd für das Stadtmarketing als Mittel der Attraktivitätssteigerung auseinander.

Wechselseitige Beziehungen des Einzelhandels und der Innenstadtentwicklung werden aufgezeigt.

In *Kapitel 7* werden die gewonnenen Aspekte der Hausarbeit exemplarisch auf das praktische Beispiel der Stadt Osterholz-Scharmbeck und das Beispiel „Weserpark" (Bereich der „grünen Wiese") angewendet. Angefangen mit einer allgemein formulierten Standortbeschreibung beider „Örtlichkeiten", werden durch die Ergebnisse einer Befragung von Besuchern der Innenstadt Osterholz-Scharmbeck sowohl die Wahrnehmung als auch die Perspektiven für diese Innenstadt erarbeitet.

Im Anschluss kommt es zu einer Runde von Expertengesprächen mit Interessenvertretern beider Seiten und einem Resümee wie man Kaufkraft in einer Innenstadt halten kann und den zukünftige Aussichten.

Zusammenfassend stellen wir im *Kapitel 8* ein Fazit des Themas dar und geben eine kurze persönliche Meinung mit Vorschlägen unsererseits ab.

2 STANDORT UND STANDORTMAßNAHMEN IN DER INNENSTADT

2. Standort und Standortmaßnahmen der Innenstadt

Die Internetseite „Wikipedia" beschreibt den Standort als „eine Örtlichkeit, an der sich etwas befindet, zum Beispiel im Bereich der Wirtschaft und Wirtschaftsgeographie die räumliche Lage eines Wirtschaftssubjekts (etwa eines Unternehmens, eines Haushalts oder einer staatlichen Einrichtung)"[5]
Laut THOMMEN/ACHLEITNER versteht man unter dem Begriff Standort „den geografischen Ort, an dem ein Unternehmen seine Produktionsfaktoren einsetzt"[6]. Beide Meinungen sind nicht grundverschieden, aber sind auch wiederum nicht identisch, so dass man den Standortbegriff verschieden auslegen kann.
Im Rahmen unserer Ausarbeitung werden wir uns vorwiegend an die sehr enggefasste begriffliche Klärung des Begriffes nach WOTZKA halten, welcher den Standort als „Ort", „Platz", "geographischen Punkt" oder „räumliche Basis mit punktuellem Charakter" ansieht.[7]
Der Standort an sich ist einer der wichtigsten Punkte für den Erfolg im Einzelhandel und mit der Wahl des Standortes entscheidet man sich gleichzeitig für das betriebliche Umfeld – also für potentielle Nachfrager und Konkurrenten[8].

Standortfaktoren
Hiermit sind die Faktoren gemeint, welche für die Attraktivität von Standorten für Unternehmen und somit für die Standortwahl oder auch das Verlassen eines Standortes maßgeblich entscheidend sind[9].
Dabei gibt es jedoch deutliche Differenzierungen in der Bewertung der Wichtigkeit der einzelnen Standortfaktoren durch die Unternehmen
(größen- und branchenspezifische Unterschiede).
Im allgemeinen Sprachgebrauch unterscheidet man zwischen *harten* und *weichen* Standortfaktoren[10]:

Harte Standortfaktoren:
- Infrastruktur (Verkehrsanbindung)
- Staatliche Förderung (Subventionen)
- Höhe der Steuern und Abgaben (Deutschland)
- Politische, ökonomische, soziale Stabilität
- Grundstückspreise
- Rohstoffe (Gewichtsverlust-/Reinmaterialien)
- Qualifizierte Arbeitskräfte
- Verfügbarkeit von Flächen
- Lohnhöhe, Kaufkraft, Lohnstückkosten
- Nähe zum Absatzmarkt (des Betriebes)
- Markttransparenz, Markteintrittsbarrieren

---

[5] www.wikipedia.or/wiki/standort (Abfragedatum 01.06.2006)
[6] Thommen, Jean-Paul/Achleitner, Ann-Kristin , Allgemeine Betriebswirtschaftslehre , 2004 , S. 91
[7] Wotzka, P. , Standortwahl im Einzelhandel , 1970 , S.79
[8] Berekoven, Ludwig , Erfolgreiches Einzelhandelsmarketing , 1995 , S.342/343
[9] Thommen, Jean-Paul/Achleitner, Ann-Kristin, Allgemeine Betriebswirtschaftslehre , 2004 , S. 94
[10] Text in Anlehnung an www.wikipedia.org/wiki/standortfaktoren (Abfragedatum 10.06.2006)

Weiche Standortfaktoren:

- Konkurrenz bzw. Fühlungsvorteile (Agglomeration)
- Erholungs-, Kultur- und Freizeitangebot
- Einkaufsmöglichkeiten (für den Arbeitnehmer)
- Standort-Image, Image der Region
- Mentalität der Bevölkerung, Wohnumfeld
- Bildungsangebot
- Erholungs-, Kultur- und Freizeitangebot

Da wie im Punkt *2.1. Bedeutung der Innenstadt* aufgegriffen, eine eindeutige einheitliche Abgrenzung des Begriffes Innenstadt in der Literatur nicht stattfindet, werden wir die Innenstadt wie folgt definieren.

2.1. Bedeutung der Innenstadt

Als Innenstadt bezeichnet man den zentralsten Ort einer Stadt, welcher in vielen Städten der Welt mit dem Gebiet des historischen Stadtkerns – der städtischen Keimzelle – zusammenfällt.
Obwohl die Innenstadt der Ort ist, in welchem sich die meisten Funktionen und Aktivitäten einer einzelnen Stadt realisieren, wird mit dem Begriff Innenstadt vorwiegend der Stadtteil bezeichnet, der keinen separat ausgewiesenen Namen trägt, sondern umgangssprachlich als solche bezeichnet wird[11].

Die Innenstadt ist Standort von Sehenswürdigkeiten (Rathaus, Kirche, Dom), Kulturstätten; ist Konzentrationspunkt von Handel, Dienstleistungs- und Verwaltungseinrichtungen und dadurch „geistigkulturelle, politische, gesellschaftliche und wirtschaftliche Mitte der Stadt und des Umlandes und erfüllt dabei eine Vielzahl von Funktionen."[12]

Diese Funktionen, als auch die kontinuierliche Steigerung der Attraktivität, ist es welche in einer Innenstadt als permanentes Ziel angesehen und nach denen gehandelt werden müssen.

2.1.1. Funktionen und Aktivitäten

„Mit der zunehmenden Flexibilisierung und Pluralisierung des Kundenverhaltens verschärft sich der Wettbewerb zwischen den Innenstädten und den professionell betriebenen Shopping-Centern" auf der „grünen Wiese"[13].
Sowohl die neuentstandene Motorisierung der Kunden, das Kundenverhalten des „one-stop-shopping" (z.B. Familien-Großeinkaufstag)[14], als auch die städtebauliche und atmosphärische Attraktivität für die Besucher spielen in diesem Zusammenhang eine Rolle.
Der Kunde/Besucher soll sich eben „wohlfühlen".
Da aber insgesamt unterschiedliche Besuchergruppen, Kunden, Einwohner sich in und um eine Innenstadt aufhalten, und diese mit verschiedensten Intentionen einen Innenstadtbereich

---

[11] www.wikipedia.org/wiki/Innenstadt (Abfragedatum 15.06.2006)
[12] Bühler, T. , CityCenter, 1990 , S.90
[13] Heinritz, Günter , Die Analyse von Standorten und Einzugsbereichen , 1999 , S. 115
[14] Berekoven, Ludwig , Erfolgreiches Einzelhandelsmarketing , 1995 , S. 350

aufsuchen, muss man sich über die Stärken und Schwächen einer Stadt bewusst werden, um allen beteiligten Gruppen ein entsprechendes Nutzungsangebot zur Verfügung zu stellen.

Voraussetzung ist also eine Vielzahl von Nutzungsangeboten, welche die Bereiche Wohnen, Arbeit, Versorgung, Bildung, Kommunikation und Freizeit aufzeigen sollte, und somit die Attraktivität und Lebendigkeit einer Innenstadt zeigt.

Ein einseitiges Nutzungsangebot einer Stadt führt zu einer Verödung bzw. einem Urbanitätsverlust.

Laut TIETZ sollten um die Stärken und Schwächen einer Stadt zu ermitteln unterschiedliche Nutzergruppen, wie z.b. Bürger und betroffene Unternehmen befragt und die Funktionen bewertet und analysiert werden[15]:

- Wohnungen
- Arbeitsplatz
- Einzelhandel
- Dienstleistungen
- Soziale Einrichtungen
- Verwaltungseinrichtungen
- Kultur- und Freizeiteinrichtungen
- Touristische Einrichtungen
- Der ruhende und fließende Verkehr

Folgende Faktoren wirken sich hierbei attraktivitätssteigernd für eine Innenstadt aus[16]:

- Breite und Tiefe des Einzelhandels- und Dienstleistungsangebotes
- Neue Dienstleistungen
- Banken und Versicherungen
- Vielfältiges Gastronomieangebot
- Kommunikationsmöglichkeiten
- Vergnügungsstätten
- Kultur- und Bildungsangebote
- Grünflächen

Hierbei ist besonders zu beachten, dass nicht nur das Vorhandensein dieser Faktoren die Innenstadt zu einem bevorzugten Anziehungspunkt macht, sondern die Zuordnung zueinander eine wichtige Rolle spielt. Ein Mix aus verschiedenen Funktionen wird als „Multifunktionalität" bezeichnet[17].

Hierbei spielt es keine Rolle, ob es sich um gleichwertige Faktoren handelt oder nicht.

In der Marktforschungspraxis wird die Attraktivität einer Innenstadt (generell einer Einkaufsstätte) mit dem sog. Attraktivitätsindex gemessen.

Qualitative Merkmale (z.B. Dichte der Geschäftsbesetzung, Schaufensterwirkung, Parkmöglichkeit in Zentrumsnähe, Gebäudewirkung) werden mit *quantitativen Merkmalen* (z.B. Verkaufsfläche, Umsätze des Einzelhandels) verglichen und daraus Rückschlüsse gezogen[18].

---

[15] Tietz, B., City-Studie, 1990, S.14

[16] Tietz, B., City-Studie, 1990, S. 9

17 Tietz, B., City-Studie, 1990, S.24
18 Berekoven, Ludwig, Erfolgreiches Einzelhandelsmarketing, 1995, S.350/351

2.1.2. Leitbild Multifunktionalität

In einer Innenstadt wird eingekauft, gearbeitet, gewohnt und zur Schule gegangen[19]. Die Innenstadt wird an dieser Stelle als „Motor"[20] aller Aktivitäten angesehen und lebt von seiner Multifunktionalität.

„Diese Multifunktionalität bedeutet eine hohe Nutzungsmischung, bei der der Funktion „Einzelhandel" eine Schlüsselrolle zukommt. Als Qualitätsmerkmale des innerstädtischen Einzelhandelsangebotes gelten hierbei Abwechslungsreichtum, ein ausgewogener Branchenmix[21] und eine Mischung des hoch- und mittelpreisigen Angebots"[22].

Die Bedeutung des Einzelhandels für die Urbanität und die Multifunktionalität und somit die Anziehungskraft eines Ortes insgesamt ist unstrittig.

„Handel" erzeugt hier die urbanen Merkmale wie Dichte, Frequenz und Mischung und zählt deshalb als "Stadtbildend"[23]

Nicht nur die Konsum- und Freizeitaktivitäten, sondern auch die räumlichen und baulichen Voraussetzungen müssen miteinander verflochten werden, so dass eine „individuelle" und „kollektive" Handlungsweise möglich wird[24]

Vorwiegend kann man folgende Schwerpunkte als Vorstellung einer multifunktionalen Innenstadt ansehen[25]:

- Einzelhandel
- Dienstleistung
- Arbeit
- Kultur
- Tourismus
- Wohnen

2.2. Besondere Probleme des Standorts Innenstadt

Mit der „Ausdehnung neuer Einzelhandelsagglomerationen nimmt der Einfluss auf das Stadt- und Landschaftsbild auch in Stadtrandbereichen oder auf der „grünen Wiese"[26] zu. Von den auf Zweckmäßigkeit und Kostenminimierung ausgelegten, großflächigen Betriebsformen kommt es zu einer neu entstandenen Konkurrenzsituation gegenüber der Innenstadt. Doch nicht nur diese bereiten der Innenstadt Probleme. Auch eine neue Art des

---

19 www.bfw-pp.de/stralsund/aktuell304.php (Abfragedatum 09.06.2006)

20 www.bbr.bund.de (Abfragedatum 10.06.2006)

21 Branchemmix: Bezeichnung für die Kombination verschiedenartiger Branchen an einem Standort. Ein Branchenmix gilt als ausgewogen, wenn der Verbraucher die Möglichkeit hat, ohne weite Wege in Kauf nehmen zu müssen, sich mit den wichtigsten Gütern des kurz-, mittel- und langfristigen Bedarfs einzudecken. Erklärung laut www.handelswissen.net/data/handelslexikon/lex-buchstabe.php?lex=b(15.06.2006)

22 www.big-bremen.de/sixcms/media.php/75/Einzelhandelsreport_2003.pdf

23 Hatzfeld, 1997 , S.117

24 Bunge, H. , Innenstadt und Einzelhandel , 1990 , S.29 ff

25 www.bbr.bund.de (Abfragedatum 20.06.2006)

26 Blank, Oliver , Entwicklung des Einzelhandels in Deutschland , 2004 , S. 53

---

strukturellen Wandels, eine sich ändernde Altersstruktur (demographischer Wandel) und
die – scheinbar alltäglichen – verhaltensorientierten Probleme bereiten den Akteuren einer
Innenstadt große Sorgen.

2.2.1. Struktureller Wandel

Seit Ende des letzten Jahrhunderts hat sich die Mobilität der Bevölkerung stetig erhöht, so
dass der Standort Innenstadt mehr und mehr an seiner Attraktivität verlor.
Die durch wachsenden Wohlstand gestiegene Individualmobilität hatte somit für breite
Bevölkerungsschichten zur Folge, dass die fußläufige Erreichbarkeit eines Geschäftes als
ehemaliger Vorteilswert kontinuierlich an Bedeutung verlor[27].

Diese gewachsene Dynamik und eine rasche Verbreitung der motorisierten Bevölkerung
ließen die ehemalige Stadtstruktur wandeln und führten zur Dezentralisierung[28].
Aus den einstigen zentrierten und baulich geschlossenen Städten, in welchen die gesamte
Infrastruktur innerhalb der Innenstadt konzentriert war, ist nun eine dezentralisierte Stadt
geworden, in welcher die Stadtteile ihre eigenen Zentren für wirtschaftliche und kulturelle
Versorgung ihrer Bewohner haben[29].

Anstelle des vergangenen Vorteils, tritt nun eine Beurteilung der motorisierten Kundschaft
mit der Frage wie gut bzw. schnell ein Ziel zu erreichen und ob die Straßenanbindung, die
Verkehrsverhältnisse und die Parkplatzsituation zufrieden stellend ist.
Die Betriebskosten eines Fahrzeugs erscheinen hierbei eher nebensächlich.
Die gestiegene Mobilität in der Bevölkerung sorgt also sowohl für eine bessere/leichtere
Erreichung der Innenstadt, um hier einzukaufen, zu bummeln, das Gastronomieangebot
wahrzunehmen, aber zum gleichen Zeitpunkt sorgt die gestiegene Mobilität auch für einen
Konkurrenzanstieg zwischen der traditionellen Innenstadt und den „neueren" Nebenzen-
tren und Einkaufszentren auf der „grünen Wiese". Der Kunde wird an dieser Stelle re-
gelmäßig den Weg zum großflächigen Einkaufsmarkt auf der „grünen Wiese" wählen, um
in den Genuss von kostenlosen, ausreichenden Parkplätzen zu kommen und um durch einen selteneren, aber umfassenderen (Groß-)Einkauf seine eigene, verbleibende (Frei-)Zeit
zu sparen.
Im Einkaufszentrum auf der „grünen Wiese" findet er eine deutlich größere Auswahl an
Artikeln als, z.B. im dörflichen Supermarkt, kann mit dem Wagen fast bis vor die Tür fah-
ren und dort bequem seinen Einkauf verstauen, und er erhält des weiteren auch noch eine
Vielzahl von Sonderangeboten[30].

Aus dem nach wie vor anhaltenden explositionsartigen Anstieg des PKW-Bestandes seit
1960, lässt sich insofern ein verändertes Verbraucherverhalten ableiten. Folgende Einzel-
handelsentwicklungen gehen von der Massenmobilisierung aus:

---

[27] Blank, Oliver , Entwicklung des Einzelhandels in Deutschland , 2004 , S.161
[28] Dezentralisierung = räumliche Organisationsform, bei der wichtige Funktionen nicht von einem Zentrum aus
erfüllt werden, sondern räumlich oder funktional ausgelagert sind. In diesem Zusammenhang, also die
Ansiedlung von Bevölkerungsteilen um die Stadt (das Zentrum) herum , www.wikipedia.org (20.06.2006)
[29] Wortmann, W. , Entwicklungsperspektiven der Bremer Innenstadt , 1987 , S. 9
[30] Blank, Oliver , Entwicklung des Einzelhandels in Deutschland , 2004 , S.161

(laut GMA-Gutachten)[31]

- Die Massenmobilisierung fördert den so genannten „Suburbanisierungsprozeß"[32] und damit die Entwicklung neuer Einzelhandelsstandorte. Mit jedem neuen Wohngebiet größeren Ausmaßes entsteht ein neuer potentieller Einzelhandelsstandort.
- Durch den hohen Pkw-Bestand gewinnen die Schnittstellen von Autobahnen, Bundesstraßen oder Durchgangsstraßen an Attraktivität für Einzelhandelsnutzungen.
- Die Möglichkeit, im Kofferraum einen breit gefächerten Warenkorb nach Hause transportieren zu können, begünstigt das "One-Stop-Shopping" und damit die Betriebe, die über einen eigenen ausreichend dimensionierten Kundenparkplatz verfügen.
- Die wachsende Zahl motorisierter Kunden führt zu einem wachsenden Stellplatzbedarf und damit vor allem in den Innenstädten zu Kapazitätsengpässen.

2.2.2. Demographischer Wandel

Der demographische Wandel – die Veränderung der Alterszusammensetzung in einer Gesellschaft – ist im Prinzip eine normale Erscheinung und für sich betrachtet weder positiv noch negativ zu werten.

Und doch ist es diese Veränderung der Bevölkerung, welche einen besonderen Einfluss auf die Innenstädte hat.

Sinkende oder gleich bleibend niedrige Geburtenzahlen und eine steigende Lebenserwartung führen zu einer Alterung der Bevölkerung und zu einem Bevölkerungsrückgang. Das Resultat ist ein unausgewogener Altersaufbau.

Kam es am Anfang des Jahrhunderts noch zu einem Zuzug von Menschen, welche in die Stadt kamen, um hier Arbeit zu finden, so haben sich die Menschen im letzten Drittel des 20.Jahrhunderts wieder verstärkt in den Nachbargemeinden, am Stadtrand angesiedelt - dort wo das Bauland billiger ist.

Doch verursacht durch eine steigende Lebenserwartung in Verbindung mit rückläufigen Geburtenraten, steigt das Durchschnittsalter der deutschen Bevölkerung immer weiter an. Auch der medizinisch besser entwickelte bzw. technische ausgereifte Bereich unterstützt diese Entwicklung.

Doch welche Anforderungen ergeben sich hieraus für die Innenstädte?

Ist es förderlich oder eher schlecht dass die Bundesbevölkerung „älter" wird?

Einen Punkt kann man sicherlich sofort beantworten, die neue Altersstruktur wird den Innenstädten gewiss einen Aufschwung bereiten und die Innenstädte werden sich ihrer Funktion als Wohnort wieder verstärkt bewusst werden müssen, da sich für ältere Menschen folgende Vorteile in der Stadt ergeben:

- bessere medizinische Versorgung als auf dem Land
- vielfältigeres kulturelles Angebot

---

[31] GMA-Gutachten der Stadt Osterholz-Scharmbeck aus dem Jahre 2001

[32] Suburbanisierungsprozeß = bezeichnet die Entstehung von Agglomerationen, also die Ausdehnung von städtischer Siedlungsweise und Bevölkerung in das Umland einer Stadt, www.wikipedia.org (Abfragedatum 16.06.2006)

• die Infrastruktur (Nahverkehr) und die Einkaufsmöglichkeiten entsprechen eher den Be-
dürfnissen der älteren Generation

Diese und weitere Vorteile werden die ältere Generation eher in die Innenstädte bringen, und
die Innenstädte vor neue Herausforderungen stellen, da mit der Einführung dieser neuen Zielgruppe auch gleichzeitig neue Ansprüche entstehen, u.a.:

• breite Gehwege
• längere Ampelphasen
• Ruhepunkte

Doch dies ist eine Chance für den innerstädtischen Einzelhandel (ebenfalls für den Dienstleis-
tungsbereich), denn die neue Zielgruppe ist nicht so mobil, bemisst den täglichen Einkauf als
wichtigen Punkt im eigenen Tagesablauf ohne diesen mit der eigenen Zeit aufzurechnen.
Auch die in Stadtrandlage gebauten Einzelhandelszentren sind für diese Bevölkerungsschicht
eher uninteressant, da diese meist schwer erreichbar und eher anonym gehalten sind, und somit ist die Innenstadt Kern- und Ankerpunkt dieser neuen Zielgruppe.

Text in Anlehnung an: www.dssw.de/hd_senio_0001.php (Abfragedatum 10.06.2006)

2.2.3. Verhaltensorientierte Innenstadtprobleme

In der City-Studie von TIETZ[33] beschreibt dieser folgende verhaltensorientierte Innenstadt-
probleme:
• **Kriminalität**
Besonders in Berlin und im Ruhrgebiet kommt es zu Schutz- und Belieferungszwangerpres-
sungen von gutorganisierten Verbrecherbanden, welche sich auf Einzelhandels- und Dienst-
leistungsbetriebe spezialisiert haben
• **Vandalismus**
Sozialneid und –hass entstehen durch hohe (Jugend-)Arbeitslosigkeit. Vorwiegend (öffentli-
che) Gebäude werden von Sprayern, Vandalen etc. beschädigt.
• **Drogenszene**
Die Innenstädte bzw. in Grosstädten der Einzugsbereich der Bahnhöfe sind oftmals Schau-
platz von Drogenkonsum und Drogenkriminalität. Ansässige Einzelhändler kommen durch
die Beschaffungskriminalität zu Schaden.
• **Terrorismus**
Nicht nur seit dem 11. September ist die Angst vor Anschlägen in öffentlichen Bereichen und
in Dienstleistungs- und Einzelhandelsbetrieben gestiegen („Citysicherheit")
• **Sauberkeit**
Sauberkeitsprobleme entstehen durch den Verlust des Gemeindeeigentums. Verschmutzungen
aller öffentlichen Verkehrsinfrastrukturanlagen (z.B. Unterführungen, U- und S-Bahn-
Stationen) treten immer häufiger in Erscheinung und „Abfallsünder" entsorgen ungeniert ih-
ren Privatmüll.

---

[33] Tietz, B., City-Studie , 1990 , S. 5 ff

Die Vermeidung von Verwahrlosung der Innenstädte ist für das Sicherheitsgefühl der Bürger von maßgebender Bedeutung. Die Menschen sollen sich zu jeder Zeit in den Innenstädten sicher fühlen, und die Innenstädte als Orte der Begegnung, des Handels und der Pflege von Kultur wahrnehmen[34].
Um einen Attraktivitätsverlust vorzubeugen bzw. einem bereits entstandenen Schaden nachhaltig zu bereinigen, müssen Maßnahmen gefunden werden, um diese Probleme in den Griff zu bekommen bzw. ganz zu beseitigen.
Neben der sichtbaren Präsenz von Ordnungskräften ist die Vermeidung von Verwahrlosung der Innenstädte für das Sicherheitsgefühl der Bürger von maßgebender Bedeutung.
Gepflegte Innenstädte tragen dazu bei, Aggressionen zu vermeiden und Gewaltbereitschaft abzubauen

2.3. Zusammenhang zwischen Innenstadt-Erlebnis und Innenstadt-Attraktivität

Allein den Zweck der Stärkung der Innenstadt durch den Ausbau der Einzelhandels- und Dienstleistungsstruktur zu verfolgen, was von vielen Ökonomen gefordert wird, erscheint zwar anseitsweise richtig, doch diesen Ausbau und somit alleine das Besuchsmotiv einer Innenstadt aus Konsum- und Dienstleistungsaspekten zu begründen ist falsch.

„Zwar ist die Innenstadt durch strukturelle Umbrüche im Handel, verändertes Verbraucherverhalten und überzogene Regulierungen gefährdet, doch so ergibt sich eine neue Perspektive für die Innenstadt – Die Innenstadt als Erlebnisraum"[35].

Freizeit ist ein wichtiger *weicher* Standortfaktor und gewinnt bei Standort- und Wohnortentscheidungen von Unternehmen und Menschen an Bedeutung.
In sofern hat sich der kommunale Freizeitwert in der Stadtentwicklung als wichtiger Indikator für die Lebensqualität und die Attraktivität einer Innenstadt herausgestellt.
Die „Visitenkarte Innenstadt"[36] dient somit als wichtiger Image- und Standortfaktor.
Wie stark nun Besucher in ihrer Freizeit Innenstädte besuchen und beleben, hängt vordergründig von deren Attraktivität ab. Die Attraktivität lässt sich mithilfe von zwei Komponenten bestimmen:

• die rationale Attraktivität: zu ihr gehören umfassende Konsum-, Dienstleistungs- und Freizeitangebote.
• die Erlebnisattraktivität: diese liegt einer bestimmten Erlebnisqualität zugrunde, die auch „Urbanität" genannt wird.
Die Erlebnisattraktivität bezieht sich sowohl auf den Erlebniswert der genannten Angebote und Einrichtungen, als auch auf Faktoren wie z.B. historisches Ambiente, städtische Identität, soziale Vielfalt und den emotionalen Bezug des Einzelnen[37].

---

[34] www.bbr.bund.de/exwost/initiative/download/BMVBW-HDE.pdf (Abfragedatum 01.06.2006)
[35] DIHK-Ausgabe „Innenstädte beleben – Stadtregionen stärken", Stippler/Müller, DIHK, Berlin, 2001
[36] „Visitenkarte Innenstadt" laut Herrn Mathias Renken, Stadtmanager OHZ , Interview
[37] Text in Anlehnung an Kirchberg,V./Behn,O. , Zur Bedeutung der Attraktivität der City , 1988 , S.358 ff

Das Resultat dieser beiden Attraktivitätsansätze lässt sich als eindeutiger Vorteil gegenüber suburbanen Freizeitstandorten und Ansiedlungen auf der so genannten „grünen Wiese" ableiten. Und somit liegt es auf der Hand das der „Erlebnisraum Innenstadt" durch gemeinsame Maßnahmen von Handel, Kultur, Gastronomie und Freizeiteinrichtungen gestärkt werden muss[38], um den einzelnen Besuchern weiterhin eine attraktive Innenstadt zu bieten.

Denn laut HATZFELD reicht diese Attraktivität und Ausstrahlung weit über den eigentlichen räumlichen Bezirk hinaus, sie erstreckt sich auf das gesamte Stadtgebiet und – je nach Größe und Bedeutung der Stadt – bis in die Umlandregionen[39].

---

[38] DIHK-Ausgabe „Innenstädte beleben – Stadtregionen stärken", Stippler/Müller, DIHK, Berlin, 2001

[39] Hatzfeld, U. , Einzelhandel – der zentrale Akteur in der Innenstadt? , Vortrag , Kongreßband Bremer Handels Symposium , Brunken,A./Schaper, B., 1997 , S.120

3 CITY-/STADTMARKETING

3. Stadtmarketing

Dieses Kapitel beschäftigt sich mit dem Thema Stadtmarketing. Obwohl inzwischen über 20 Jahre alt, kaum an seiner Aktualität verloren hat, was durch eine Vielzahl kommunaler Aktivitäten in diesem Handlungsfeld aufgezeigt wird.[40] Seit Mitte der 80er Jahre ist dieses Instrument ein beliebtes Mittel von Städten und Kommunen, um neue Herausforderungen, wie z.b. Gewerbeansiedlungen auf der „grünen Wiese", Ansiedlungen von Factory-Outlet-Centern, zunehmende Dominanz von Filialisten, und Problemen im sozialen Bereich gegenüber zu treten. Stadtmarketing bietet Städten die Chance ihre Lebens- und Standortbedingungen nachhaltig zu verbessern.

Der räumliche Schwerpunkt beim Stadtmarketing liegt eindeutig auf der Innenstadt, als ein wichtiger Faktor für die Innenstadt wird der Handel angesehen, auf den im folgenden Kapital ausführlicher eingegangen wird.[41]

3.1. Ursprung und Definition des Begriffs Stadtmarketing

Der Begriff Stadtmarketing kommt ursprünglich aus den USA und wurde dort Anfang der 80er Jahre populär.[42] Diese Form des Marketings hat sich aus der Managementkonzeption für privatwirtschaftliche Unternehmen entwickelt und bedeutet die „Planung, Koordination und Kontrolle aller auf die aktuellen potentiellen Märkte ausgerichteten Unternehmensaktivitäten" (Meffert 1986).[43]

Mit den großen Popularität des Begriffs Marketing kam es zunehmend auch zu einer Anwendung des Marketings auf den Non-Profitsektor. Die Frage nach der Übertragbarkeit von Marketing auf den öffentlichen Sektor wird in Deutschland seit über 20 Jahren diskutiert. Es hat sich aber gezeigt, dass sich das Marketinginstrumentarium mit entsprechender Modifikation auch auf nicht-kommerzielle Institutionen anwenden lässt.[44]

Die allgemeinen Grundprinzipien, welche sich im klassischen Markenmarketing herausgebildet haben, lassen sich auch auf das Stadtmarketing anwenden:

1. **Der Philosophieaspekt:** Ausgangspunkt ist nicht das Produkt - Probleme, Wünsche und Bedürfnisse interner und externer Zielgruppen sind an den Anfang aller Überlegung zu stellen.
2. **Informationsaspekt:** Informationen über Bedürfnisse, Wünsche, Probleme und Ängste der betroffenen Personengruppen (z.B. Bewohner, Gewerbetreibende, Besucher) werden vorausgesetzt.
3. **Strategie- und Aktionsaspekt:** die erwünschten Reaktionen der Märkte erfordern einen längerfristigen Verhaltensplan und den planmäßigen Einsatz aller Instrumente im Marketing-Mix
4. **Segmentierungsaspekt:** Stadtmarketing erfordert die Anwendung des Prinzips der differenzierten Marktbearbeitung
5. **Koordinationsaspekt:** Koordination aller marktgerichteten Unternehmensaktivitäten

---

[40] Vgl. Deutsches Institut für Urbanistik, 2005, S.1
[41] Vgl. Deutsches Institut für Urbanistik, 2005, S.5
[42] Vgl. Wagner D., City-Marketing, S.16
[43] Vgl. Pfaff-Schley H., Stadtmarketing und kommunales Audit, 1997, S.26
[44] Vgl. Schaller (1993) nach Meffert (1986)

Es hat sich gezeigt, dass die allgemeinen Grundprinzipien des kommerziellen Marketings auch auf das Stadtmarketing angewendet werden können. Allerdings lassen sich in der Schwerpunktsetzung und in der Zielgruppenauswahl Unterschiede feststellen.[45]
Im Gegensatz zu der Auffassung von Stadtmarketing als reine Werbe- und Verkaufsstrategie bzw. medienwirksame Inszenierung (z.B. Scholz 1989) soll Stadtmarketing als ganzheitlicher Ansatz verstanden werden, in dem Stadtentwicklungspläne, Werbe-, Image-, Fremdenverkehrs- und Wirtschaftsaspekte nur Teilaspekte sind.
Dies bezieht sich besonders auf die vernetzten Aktionsfelder, die verschiedenen Zielgruppen, sowie darauf, dass der Ansatz nicht nur werbliche Maßnahmen im Sinne des „Verkaufs" des „Produktes Stadt" beinhaltet.
Im Wesentlichen geht es um die Verbesserung des Produktes (Entwicklung der Stärken – Abbau von Schwächen). Damit wird Stadtmarketing zu einer „Strategie zur Produktdifferenzierung durch Qualitätssteigerung und verbesserter Ausstattung mit dem Ziel, die Wertigkeit der Stadt zu erhöhen" (Weitz 1988)[46]
Das "Produkt" Stadt ist das Ergebnis der Einstellungen und des Handelns der Menschen in der Stadt. Das Stadtmarketing hat die Aufgabe, die häufig unterschiedlichen Interessen aller Beteiligten zusammen zu führen und ihre Kräfte zu bündeln. Das Konzept über die zukünftige Stadtentwicklung soll also möglichst von allen Beteiligten getragen werden. Voraussetzung dafür ist die Entwicklung eines gemeinsam getragenen Leitbildes, das nach innen und nach außen gerichtet ist.[47]
Ziel ist es die Stadt als Wirtschafts- und Lebensraum für Bewohner, Besucher und Investoren, unter Einbeziehung aller Beteiligten attraktiver zu machen.
Zusammenfassend kann Stadtmarketing definiert werden als Methode, mit deren Hilfe alle Entscheider unter Berücksichtigung der Problemlage in den Städten, sowie der wesentlichen Elemente des klassischen Marketingmix in einen institutionalisierten, integrativen Verfahren zum kooperativem Handeln veranlasst werden sollen.[48]

Abgrenzung des Begriffs City-Marketing:
International wird Stadtmarketing als City-Marketing bezeichnet. Da *City* im Englischen »(Groß-)Stadt« bedeutet, im Deutschen jedoch als Innenstadt oder »Stadtzentrum« verstanden wird, kommt es oft zu einem falschen Gebrauch des Begriffs. Im deutschsprachigen liegt oft die falsche Annahme vor, dass dieser Begriff nur für Innenstadtaktivitäten steht. Dabei versteht man international unter City Marketing ein ganzheitliches Marketing.[49]

3.2. Entwicklung und Verbreitung des City-/Stadtmarketings in BRD

Bis Mitte der 70er lag das Hauptaugenmerk der Stadtentwicklungsplanung auf expansive Stadterweiterung bzw. auf den Wiederaufbau, dabei wurde wenig Bezug auf Interessen der Wirtschaft und der Bürger genommen. Durch eine schlechtere finanzielle Situation der Kommunen in den 80er kam es zu einer Phase in der die Stadtentwicklungsplanung, die sich auf kleinere, kleinere Projekte beschränkte (Wohnumfeldverbesserungen, Verkehrsberuhigung). Der Planungsbezug auf die Gesamtstadt trat in den Hintergrund. Gleichzeitig begann die Diskussion und Umsetzung von Stadtmarketing, nach Vorbildern aus den USA und England

---

[45] Vgl. Wethmöller E., Räumliche Identität als Aufgabenfeld der Städte- und Regionenmarketing, 1995, S.37
[46] Vgl. Schäflein S., Freizeit als Faktor der Stadtentwicklungspolitik und –planung, 1994, S.160
[47] Vgl. Schäflein S., Freizeit als Faktor der Stadtentwicklungspolitik und –planung, 1994, S.161
[48] Vgl. Honert S., Stadtmarketing, 1991, S.397
[49] Vgl. Konken M., Stadtmarketing Kommunikation mit Zukunft, 2005, S.15

---

auf Grundlage der Orientierung am privatwirtschaftlichen Marketing. Seit Beginn der 90er ist Stadtmarketing als Instrument der Stadtentwicklung weit verbreitet. Zu dieser Zeit stieg die Zahl der Städte, die das Stadtmarketing für sich entdeckten, sprunghaft an[50]. Mitte der 90er setzten bereits mehr als 80% der Städte und Gemeinden mit mehr als 10.000 Einwohnern, Stadtmarketing in verschiedener Form als Instrument der Stadtentwicklung ein oder betreiben Planungen dazu.[51] Im Jahr 2004 gaben ca. 90% aller Kommunen an, Stadtmarketing entweder zu planen oder schon Erfahrung damit gemacht zu haben.[52]

Abbildung 1

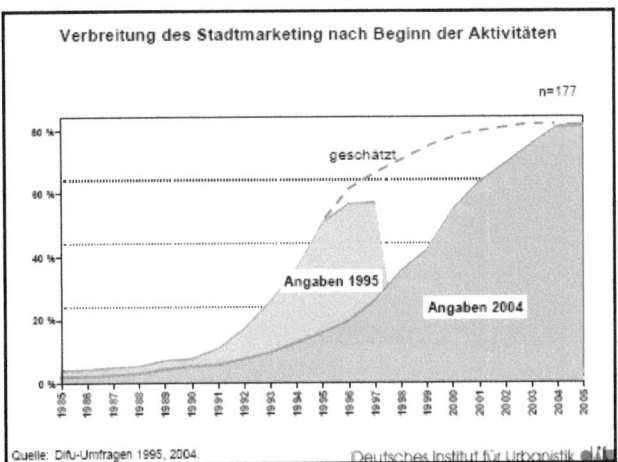

Abbildung: Verbreitung von Stadtmarketing ,Difu 2005

3. 3. Planungsprozess und Ablauf des Stadtmarketings

Stadtmarketing beginnt in der Praxis meist durch die Initiative der Stadt. Er kann aber auch durch private Interessensgruppen erfolgen (z.B. Einzelhandel, Industrie- und Handelskammern). Zu Beginn müssen die unterschiedlichen Interessensgruppen (siehe Abbildung) von der Notwendigkeit eines gezielten und ganzheitlichen Vorgehens überzeugt werden.
Gründe für den Einsatz eines Stadtmarketingkonzeptes sind z.B.[53]
- Sinkende Kaufkraftbindung
- Wachsender Konkurrenzdruck umliegender Einkaufszentren auf die Innenstadt
- Imageprobleme der Kommune
- Konflikte zwischen wichtigen Gruppen in der Stadt.

Die Planung kann auch in Anlehnung an den Managementprozess im privatwirtschaftlichen Marketing erfolgen. Nach MEFFERT handelt es sich bei der Planung einer Stadtmarketing-Konzeption um:

---

[50] Vgl. Grabow/Hollbach-Grömig 1995, S. 10
[51] Vgl. http://de.wikipedia.org/wiki/Stadtmarketing (Abfragedatum 09.06.2006)
[52] Vgl. Deutsches Institut für Urbanistik, 2005, S.2
[53] Vgl. Prof.Dr.Dr Meier Jörg, Stadtmarketing von Bayreuth, 2001, S. 16

„(...) einen komplexen Prozess der Willensbildung und Willensdurchsetzung, der von einer ... Situationsanalyse über die Festlegung von Leitbildern und Zielen, die Strategie- und Maß-nahmenplanung bis hin zur Umsetzung und Kontrolle zahlreiche Phasen durchläuft"[54]

Abbildung 2

Abbildung: Zielgruppen des Stadtmarketing 2005 verändert nach Difu 2005

3.3.1. Situationsanalyse / Bestandsaufnahme

Als Basis für weitere Aktivitäten wird zunächst eine Situationsanalyse durchgeführt. Bestandteile der Situationsanalyse können unter anderem eine Umfeldanalyse sein, die sich auf die gesamtwirtschaftliche Entwicklung (potentielle Zielgruppen und Wettbewerber) be-zieht. Eine Standortanalyse die sich mit sich mit der Struktur der Stadt sowie mit Fragen der Servicequalität und dem Image beschäftigt. Folgende Aspekte kommen in Betracht:[55]

- Bestandsanalyse des städtebaulichen Rahmens z.B. Stadtgestaltung
- Situation des Städtischen Verkehrs
- Weiche Standortfaktoren (kulturelles Angebot, Freizeitmöglichkeiten, Bildungsein-richtungen)
- Bewertung der Angebotsstrukturen

3.3.2. Stärken-/Schwächen-Analyse

Im Anschluss an die Analysephase wird eine Bestimmung der Stärken und Schwächen durch-geführt und so die Problemfelder festgelegt, die man möglichst eliminieren will. In der Regel reicht die Sicht der Verwaltungsmitarbeiter und Kommunalpolitiker nicht aus. So hilft entwe-der der Vergleich mit ähnlichen Standorten oder möglichst viele Bürger in einer Diskussions-veranstaltung anzufordern, um die Stärken und Defizite aus ihrer Sicht zu erfahren. Eine fi-nanziell und zeitlich aufwändigere Möglichkeit, wäre eine schriftliche Befragung der Bürger bzw. der Wirtschaft vor Ort.

---

[54] Vgl. Schaller (1993) nach Meffert (1989) S. 275

[55] Vgl. Prof.Dr.Dr Meier Jörg, Stadtmarketing von Bayreuth, 2001, S.17

3.3.3.Zieldefinition und Strategieentwicklung

Auf der Basis dieser Analyse, die zumeist nur Empfehlungen umfasst, erfolgt die Konzeptionsphase mit der Leitbild- und Zieldiskussion sowie die Festlegung von ersten Maßnahmen. Darüber hinaus müssen auch die Zielgruppen (siehe Abbildung) bestimmt werden, für die eine Verbesserung des städtischen Angebots erreicht werden sollen. Ziel ist es schnell erste sichtbare Erfolge zu erzielen, um die Akzeptanz des Stadtmarketings in der Öffentlichkeit zu erhöhen. Das entwickelte Stadtleitbild ist das gemeinsame, von allen kommunalen Akteuren und Interessengruppen getragene Zielsystem. Es beinhaltet die Ideale und Stärken der Stadt, orientiert am Nutzen für den Bürger.[56]
Spätestens in dieser Phase sollte die Öffentlichkeit möglichst breit eingebunden werden, einerseits als Ideenpool und zum anderen, um die Identifizierung mit dem Stadtmarketing zu erhöhen.[57] In dieser Phase sind ebenfalls die Finanzierung und der bestgeeignete organisatorische Rahmen zu klären. Bei der Finanzierung hat die Kommune die Möglichkeit auf reine Finanzierungs- sowie Public-Private-Partnership-Modelle zurückzugreifen. Der Verteilungsschlüssel zwischen öffentlicher Hand und Privaten sollte im Sinne eines echten PPP in der Nähe von „Fifty-fifty" liegen[58]

3.3.4. Umsetzung und Durchführung der Maßnahmen

Die einzelnen Maßnahmen sollten realistische Umsetzungsmaßnahmen haben. Die jeweiligen Projekte sollten kontinuierlich auf ihre Fortschritte und auf die Finanzierung hin geprüft und optimiert werden. Aus diesem Grund sind ein Projektmanagement und ein Projektcontrolling wichtig. Zur Überprüfung, ob bestimmte Maßnahmen, wie z.B. solche die auf Attraktivitätssteigerung und Verbesserung der Lebensqualität erfolgreich wären, könnte zumindest eine qualitative Erfolgskontrolle (z.B. Befragung der Bürger) durchgeführt werden.[59]
Folgende Abbildung veranschaulicht noch mal den Prozess des Stadtmarketing:

---

[56] www.kiel.ihk24.de/KIIHK24/KIIHK24/produktmarken/index.jsp?url=http%3A//www.kiel.ihk24.de/KII HK24/KIIHK24/servicemarken/branchen/handel/stadtmarketing/Stadtmarketing_Prozess.jsp (10.06.2006)
[57] vgl. Pfaff-Schley H., Stadtmarketing und kommunales Audit, 1997, S.5
[58] Vgl. Granzow T. J., Ein integriertes Stadtmarketing und Finanzierungskonzept für Kommunen, 2004, S.24/30
[59] Vgl. Prof.Dr.Dr Meier Jörg, Stadtmarketing von Bayreuth, 2001, S.18

Abbildung 3

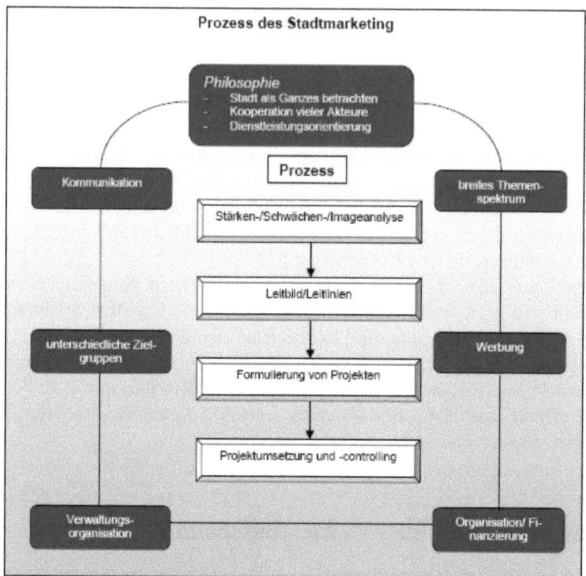

Quelle:Grabow et al., Stadtmarketing – eine kritische Zwischenbilanz 1998 S. 75

3.4. Handlungsfelder und Bearbeitungsansätze

Im Rahmen des Stadtmarketingprozesses, muss sich die Stadt entscheiden in welchen Handlungsfeldern sie tätig werden möchte. Danach werden die einzelnen konkret umsetzbaren Maßnahmen geplant – und auch durchgeführt. Zu den wichtigsten Handlungsfeldern des Stadtmarketings gehören: [60]

- **Wirtschaftsförderung**
- **Innerstädtischer Handel**
- **Wohnen**
- **Verkehr**
- **Bildung und Arbeit**
- **Umwelt**
- **Kultur, Sport und Freizeit**
- **Tourismus, Gesundheit, Wellness**
- **Innenstadtaufwertung und -belebung**

3.4.1. Maßnahmen zur Verbesserung der Innenstadt

Einige Beispiele für Maßnahmen, die mit geringem Kostenaufwand verbunden sind:
- Einheitliche Öffnungszeiten in der Innenstadt, evtl. Ausweitung der Geschäftszeiten
- Veranstaltung von Märkten, parallel zu Kulturveranstaltungen

---

[60] Vgl. Pfaff-Schley H., Stadtmarketing und kommunales Audit, 1997, S.6

- Gemeinsamer Lieferservice der Innenstadthändler
- Verbesserung der Übersichtlichkeit der Parkmöglichkeiten, z.b.durch Hinweisschilder
- Einrichtung von Stadtrundgängen nach Themen (z.B. Umwelt, Planung, Geschichte)
- Ausbau öffentlicher Verkehrsmittel
- Anziehen von Komplementärbetrieben wie Kinos, Cafés und Restaurants
- Anziehen von zugkräftigen Geschäften als „Magneten"
- Schaffung und Erhaltung von Radwegen, Gehwegen, Abstellmöglichkeiten etc.
- Erhaltung von historischen Bauwerken
- Einführen einer CityCard

3.4.2. Handel als Attraktivitätsfaktor

Der innerstädtische Handel ist von entscheidender Bedeutung für eine lebendige Innenstadt. Ein Attraktivitätsverlust der Innenstadt führt zwangsläufig zu Umsatzeinbußen. Um zu überleben, reicht es heute nicht mehr aus, einfach nur Produkte anzubieten. Es hat sich ein verändertes Konsumentenverhalten entwickelt, mit dem Trend in Richtung Erlebniseinkauf. Der Einkaufsprozess findet nicht mehr nur unter Versorgungsaspekten statt. Einkaufen entwickelt sich unter dem Stichwort „Shopping" für Teile der Verbraucher zur Freizeitbeschäftigung.[61] Um diesen Wandel entgegenzuwirken bietet sich dem Handel eine Vielzahl von Möglichkeiten.

Sortiment
Das Sortiment und die Darbietungsformen sollten auf die potentiellen Kunden abgestimmt sein. Durch unterschiedliche Sortimentsgestaltung sollten möglichst viele Bevölkerungsschichten angesprochen werden. Die Geschäftsstruktur sollte eine vielschichtige Bedarfsdeckung ermöglichen.[62]

Ladengestaltung
Eine Ladengestaltung bietet dem Händler eine Menge Möglichkeiten seine Geschäftsräume erlebnisorientiert einzurichten. Eine einladende Außengestaltung führt ebenfalls zu einer Erlebnisbereicherung der Kunden. Zu den wichtigsten Punkten der Ladengestaltung zählt die Art der Warenpräsentation.

Service und Qualität des Personals
Die Qualität und der Service des Personals, sind ein wichtiger Aspekt für das Verkaufspersonal. Ein gut geschultes und freundliches Personal trägt positiv zum Einkaufsklima bei und führt zu einem Einkaufserlebnis. Die Händler sollten stets darum bemüht sein die Beratungs- und Serviceintensität zu erhöhen. [63]

Schaufenstergestaltung
Das Schaufenster ist neben der Print- und Funkwerbung eines der wichtigsten Instrumente der Kundengewinnung im Einzelhandel.[64]

---

[61] www-brs.ub.ruhr-uni-bochum.de/netahtml/HSS/Diss/HelmerDenzelAndrea/Zusammenfassung.pdf (09.06.2006)
[62] Vgl. Kroeber-Riel, Konsumentenverhalten, 1992, S.116
[63] Vgl. Tietz. B. City-Studie, 1990, S.381
[64] www.wikipedia.org/wiki/Ladenverkauf#Schaufenstergestaltung (Abfragedatum 22.06.2006)

Es dient als Kontaktmedium zwischen Kunde und Einkaufstätte. Insoweit bietet sich gerade auch das Schaufenster an, in das erlebnisorientierte Gesamtkonzept integriert zu werden. Das Schaufenster soll ein möglichst unverwechselbares Erlebniskonzept der Warenpräsentation darstellen.[65]
Außerdem sollte ein Schaufenster:

* Kompetenz zeigen
* Informationen über das Sortiment bieten
* Neugierde wecken
* Sogwirkung auslösen
* Erlebnisse kommunizieren

Werbe-/Aktionsgemeinschaften
Ein Nachteil der Innenstädte ist es, dass sie nicht über einen genau kalkulierten Branchen-Mix verfügen, wie z.b.: große Einkaufszentren. Um diesen Nachteil auszugleichen können so genannte Werbegemeinschaften gegründet werden. Ziel ist es, dass sich die einzelnen Geschäfte begünstigen, anstatt sich gegenseitig zu blockieren. Die ehrenamtlichen Mitglieder dieser Werbegemeinschaften bestehen meist aus den Einzelhändlern, Dienstleistern und Gastronomen die z.b. räumlich mit einander verbunden sind. Die Anreize auf einer Mitgliedschaft für die City-Kaufleute sind: [66]

* Hilfestellung bei Kontakten mit Politik und Verwaltung auf lokaler Ebene
* Wunsch nach dem Aufbau eines sozialen Netzwerkes
* Ein erhöhtes Mitspracherecht, vor allem von Inhabern von „Traditionshäusern"
* Einflussnahme auf die Veranstaltungsorte von „Events" in der Innenstadt

Allerdings ist diese Zusammenarbeit einer Werbegemeinschaft nur auf einzelne Aktivitäten beschränkt und die Art und der Umfang des gemeinsamen Handelns sind eher als gering anzusehen. [67]

3.4.3. Innenstadtgestaltung

Die Innenstadtgestaltung kann ebenfalls ein Mittel sein, um beim Kunden eine Erlebniswirkung zu erzielen. Dabei geht es hauptsächlich um die Bebauung, die erst das richtige „Flair" einer Innenstadt ausmachen kann. Durch Besonderheiten der Architektur und Platzgestaltung, sowie durch Passagen, Galerien und Fußgängerzonen wird ein positives Innenstadt-Erlebnis erzeugt. Die Innenstadtgestaltung ist eine Reaktion auf die Konkurrenten, insbesondere auf Einkaufszentren „auf der Grünen Wiese" die z.B. hinsichtlich Erreichbarkeit, Parkraum und Gestaltung von Erholungsflächen eine bessere Ausgangsbasis haben.

Um der Sehnsucht nach dem Stadt-Erlebnis, nach „Urbanität" gerecht zu werden, fordern Kaufleute, sowie Kommunalpolitiker, die Innenstadt vom Versorgungszentrum zum Erlebniszentrum umzugestalten.[68] Damit die Innenstadtgestaltung als Erlebnisraum gestaltet werden kann, müssen Ideen und Konzepte entwickelt werden die zur Erlebnisvermittlung beitragen. Oben wurden bereits einige aufgezählt, die im Folgenden näher beschrieben werden sollen.

---

[65]www.marketing-marktplatz.de/Grundlagen/Erlebnismarketing.htm (Abfragedatum 15.06.2006)
[66] Helmer-Denzel A., Global Play Ruhrgebiet, 2002, S.180/181
[67] Bühler T., City-Center, 1991, S.13
[68] Vgl. o.V., Innenstädte attraktiver machen, 1985 S.17

Passagen und Galerien

Das historische Konzept der Einkaufspassagen und Galerien, wurde vor ca. einhundert Jahren entwickelt. Gerade die hohe architektonische Eigenattraktivität dieser meist historischen Bauwerke macht die Erlebnisqualität aus. Ziel der Einkaufspassagen ist es ein Wohlfühl-Ambiente zu schaffen, in dem sich die Kunden gerne aufhalten. Prinzipiell werden eher hochwertige Geschäfte in die Passagen integriert.[69] Bei der Entwicklung neuer Passagen, sollte beispielsweise darauf geachtet werden, dass sie an einem Standort errichtet werden, der eine hohe Kundenfrequenz aufweist, die einen wirtschaftlichen Erfolg garantiert und so einen hohen architektonischen Aufwand rechtfertigt. Außerdem müssen Passagen mehrere Straßen verbinden und dadurch Wege abkürzen oder erleichtern.[70] Vorteilhaft ist eine Verbindung der Ein- und Ausgänge mit Magnetbetrieben (z.B. die „Lloyd-Passage" in Bremen verbindet die Warenhäuser Horten und Karstadt. Außerdem bietet sie noch eine attraktive Verbindung zur Sögestraße). Doch nicht jede Passage ist erfolgreich, da sie vielfach vor folgenden Problemen stehen:[71]

- Es fehlt oft an Magnetpunkten, die für eine angemessene Kundenfrequenz sorgen
- Aus Kostengründen wird oft auf ein zentrales Center-Management verzichtet
- Betriebswirtschaftliche Missverhältnisse zwischen vermietbarer Fläche und Verkehrsfläche
- Durch eine zu geringe Geschäftsfläche kann es an ausreichender Konkurrenz mangeln

Wenn diese Probleme vermieden werden können, kann eine erfolgreiche Passage einen wichtigen Beitrag für die Attraktivität einer Innenstadt leisten und zu einem positiven Stadt-Erlebnis führen.

Fußgängerzonen

Im Zuge des Wiederaufbaus der zerstörten Stadtkerne nach dem zweiten Weltkrieg, nutzten die Städtebauer dies, um als wesentliches Element des modernen Städtebaus Fußgängerzonen zu integrieren. Ziel der Planer, war es die Fußgängerzone zum zentralen Ort des anspruchsvollen Massenkonsums zu machen[72] und zu einer Steigerung der Lebensqualität in der Innenstadt beizutragen.[73] Allerdings ist eine Sperrung für den Individualverkehr nicht gleichbedeutend mit einer Attraktivitätssteigerung der Innenstadt. Vielmehr sollte die Fußgängerzone über ein ausgewogenes Einzelhandelsangebot, sowie über genügend Kommunikations-, Spiel-, Erholungs- und Ruhezonen wie z.B.: Restaurants, Cafés und Bistros. Dadurch ist auch eine Nutzung außerhalb der Geschäftszeiten, sowie an den Wochenenden gewährleistet. Damit eine Fußgängerzone eine aufgelockerte Atmosphäre ausstrahlt, bieten sich Grünflächen, Kunstobjekte und Brunnen an, die sich ebenfalls als Kommunikationstreffpunkt sowie als Orientierungshilfe eignen. Außerdem sind eine gute Verkehrsanbindung, sowie genügend Parkmöglichkeiten in einer zumutbaren Entfernung notwendig.

City Center

Das „City Center" ist eine Weiterentwicklung der Passagen. Ein „City Center" ist ein Einkaufszentrum, das als eine baulich geplante Einheit oder gewachsene Agglomeration mehrere

---

[69] www.wikipedia.org/wiki/Ladenpassage (Abfragedatum 15.06.2006)
[70] Vgl. Bunge,H., Innenstadt und Einzelhandel, 1990, S. 26
[71] Vgl. o.V., Innenstadt zieht an, 1987, S. 35
[72] www.wikipedia.org/wiki/Fu%C3%9Fg%C3%A4ngerzone (Abfragedatum 01.06.2006)
[73] Vgl. Tietz, B., City-Studie. 1990 S. 191

Einzelhandels- und Dienstleistungsbetriebe mit gemeinsamen Handlungsfeldern und einer gezielten Center-Politik.[74]
Auch bei „City-Centern" stellt sich die Frage, ob ihre Atmosphäre und das Einkaufserlebnis, das sie bieten, dem Publikum genügen. Besonders bei Neubauten stehen das Einkaufserlebnis, sowie eine ansprechende Architektur immer mehr im Vordergrund.
Allerdings kommt es auch vor das wegen der relativ hohen Grundstücks- und Baukosten sowie einer befriedigenden Rentabilitätsmarge häufig zwei- oder mehrstöckig gebaut oder ohne ausreichende optische Attraktivität errichtet wird. Vor allem ältere „City-Center" können so ein Stadtbild negativ prägen.[75]

3.5. Unterstützung der Innenstadt durch das Stadtmarketing
3.5.1. Modellbeispiel NRW

Das Land NRW ist seit Jahren sehr innovativ im Stadtmarketing tätig. So gab es seit Mitte der 80er Jahre erste geförderte Stadtmarketingaktivitäten, auch bekannt unter dem Namen „Stadtmarketing der 1. Generation". Hierbei handelte es sich um den Aufbau von Stadtmarketingorganisationen, unter dem Aspekt eines ganzheitlichen Ansatzes. Hintergrund war sowohl ein Innen- und Außenmarketing der Städte, als auch eine verstärkte Verknüpfung der Beteiligungsformen zwischen Stadtverwaltung, Wirtschaft und den Bewohnern einer Stadt.
Mittlerweile haben sich neue Problemfelder entwickelt, denen sich das „Stadtmarketing der 2. Generation" annehmen soll:

• Förderung kleingliederiger Stadtquartiere
• Gründung von Immobilien- und Standortgemeinschaften (BIDs)
• Förderung von Ladenleerstandsprojekten

1999 wurde im Rahmen einer Gemeinschaftsaktion „Ab in die Mitte! Die City-Offensive NRW" gegründet. Seit 2000 können sich auch Städte aus Niedersachsen, Hessen, Berlin und Sachsen für eine Förderung bewerben. In den ausgewählten Städten werden dann Veranstaltungen aus den Bereichen Sport, Freizeit, Kunst und Kultur durchgeführt. Die Kommunen versprechen sich dadurch ihre Attraktivität, Nutzungsvielfalt, Urbanität und Lebendigkeit in den Innenstädten zu erhöhen. Im Mittelpunkt steht dabei die Verbindung von Freizeitgestaltung, Entertainment, Kommunikation, Kultur und Erlebniskauf in den Innenstädten und Einkaufsstrassen.[76]

3.5.2. Zukunft des Stadtmarketing

Durch die ständigen wachsenden Anforderungen an unsere Städte (Ansiedlung von Unternehmen, Servicefunktion, Kulturangebot, Verkehr, Umweltqualität u.a.) wird ein Stadtmarketing fast unverzichtbar. Wer heute ein umfassendes Stadtmarketing betreibt hat kurzfristig einen Wettbewerbsvorteil und langfristig eine positive Entwicklungschance.[77] Im Laufe der Jahre in denen das Stadtmarketing eingesetzt wird, haben sich neue Anforderungen an das Instrument gebildet:[78]

---

[74] Vgl. Thomas Bühler, City-Center, 1991, S. 14
[75] Thomas Bühler, City-Center, 1991, S. 96
[76] www.abindiemitte.de/ (Abfragedatum 15.06.2006)
[77] Vgl. Pfaff-Schley H. Stadtmarketing und kommunales Audit, 1997, S.13
[78] www.ihk-nordwestfalen.de/handel/stadtmarketing.cfm (Abfragedatum 11.06.2006)

- Erwartungshorizonte müssen eindeutig sein und es muss eine permanente Erfolgskontrolle erfolgen.
- Es müssen klare Zuständigkeiten geschaffen werden
- Es müssen Schnittstellen zwischen Verwaltung und Politik gebildet werden
- Es wird ein klarer Finanzrahmen benötigt – Finanzierung sollte durch öffentliche Hand und Private erfolgen
- Anreiz-Beitrag-Prinzip für ein erfolgreiches Public-Private-Partnership
- Es muss stärker auf die Belange der Bürger eingegangen werden
- Ziele müssen sowohl schaffbar sein, als auch einen visionären Charakter entwickeln
- Stadtmarketing muss Erlebnisse für Bürger und Besucher der Stadt schaffen
- Wachsende Bedeutung von Tourismus und Kultur
- Es muss mehr Wert auf Qualität bei der Innenstadtgestaltung gelegt werden.

4 GRÜNE WIESE

4. Grüne Wiese
4.1. Allgemeine Definitionen

Grüne Wiese ist ein feststehender Begriff und die bildhafte Standortbeschreibung für außerhalb der Städte angesiedelte Einzelhandelsbetriebe.[79] Im Gegensatz zu einer dispers[80], also einer verstreuten und isoliert angeordneten Standortlage einzelner Einzelhandelsbetriebe kann man als einheitliches Kriterium der Einkaufszentren ihre räumliche Agglomeration[81] bzw. Ihre Konzentration nennen.[82] Der Begriff „Grüne Wiese" ist eine Standortkategorie und meint „zwischen" den Städten.

Als ein weiteres Unterscheidungsmerkmal des Einkaufszentrums auf der „Grünen Wiese" und gewachsenen Gewerbezentren, wie z.b. eine Innenstadt, handelt es sich bei dem EKZ um eine bewusst geplante und errichtete Einheit, die man auch als künstliche Einheit bezeichnen kann.[83] Das „Urban Land Institute", Washington bezeichnet Einkaufszentren als eine als Einheit geplante, errichtete und verwaltete Agglomeration von Einzelhandels- und sonstigen Dienstleistungsbetrieben.[84]

Abb. 4 System der Gewerbezentren

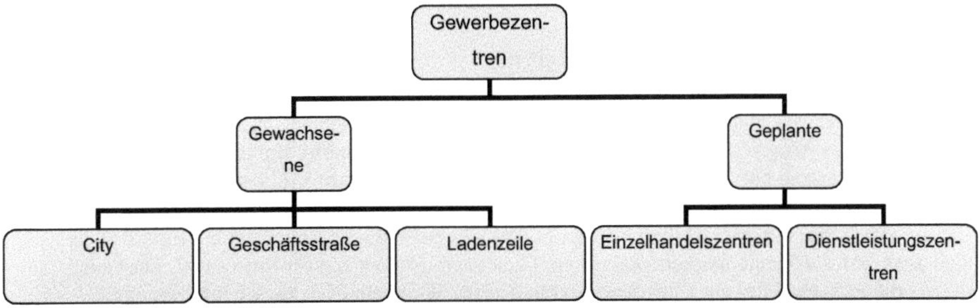

Angelehnt an Handelsbetriebslehre von Falk/Wolf, 11 Auflage, S. 262 Verlag Moderne Industrie

4.2. Gründe für Peripherieansiedelung

Peripherie bedeutet im allgemeinen Sprachgebrauch „Umgebung", z.B. die Umgebung einer Region oder einer Stadt im Gegensatz zum Kernbereich. Die Peripherie bezeichnet die Umfangslinie, also den Rand einer Stadt. [85]

Der Standort „Grüne Wiese" hat durch steigende private Mobilität stark an Attraktivität zugenommen – es wird (fast) jedem Konsumenten mittlerweile ermöglicht zu jedem Punkt, zu jeder Zeit selbstständig zu gelangen. [86]

---

[79] www.Handelswissen..net/data/handelslexicon/buchstabe_g/Gruene_Wiese.php (Abfragedatum 01.06.2006)
[80] dispers = Ansiedlungsstreuung
[81] Agglomeration = Kernstadt, dicht besiedeltes Gebiet außerhalb der Stadtgrenzen
[82] Handelsbetriebslehre Falk/Wolf S. 261
[83] Handelsbetriebslehre Falk/Wolf S. 261
[84] Der Handelsbetrieb, Tietz, Verlag Vahlen, 1985
[85] www.wikipedia.org/wiki/Peripherie (Abfragedatum 10.06.2006)

[86] Erfolgsfaktoren von Einkaufszentren, Antje Bastian, Deutscher Universitätsverlag, 1999 Seite 22

Problematisch war dieser Zuwachs an Mobilität aber auch für die Stadtzentren, überfüllte Straßen und nicht ausreichend Parkraum waren die Folge.[87]
Einkaufszentren auf der „Grünen Wiese" decken durch Ihr Vollsortiment sowohl den Bedarf an Gütern für den kurzfristigen Bedarf, für den geringere Wege in Kauf genommen werden d.h. einen engeren Beschaffungsradius haben, als auch für den mittel- bzw. langfristigen Bedarf.
Bei Gütern des mittel- und langfristigen Bedarfs, wie z.b. Möbel, Elektrogeräte gibt es einen größeren Beschaffungsradius, d.h. Kunden nehmen einen längeren Weg auf sich.[88]
Ein weiterer wichtiger Aspekt ist der Wunsch nach Bequemlichkeit. Der Kunde heute wünscht sich alles an einem Ort, mit einem Weg möglichst alles erreichen.
Ein verändertes Zeitbudget des Konsumenten verlange kurze Wege am POS, gute Parkmöglichkeiten und gleichzeitig auch erlebnisorientierten Einkauf.
Der Erlebniseinkauf nimmt im Gegensatz zum Versorgungseinkauf stetig an Bedeutung zu.
Bei wenig erklärungsbedürftiger Ware erwarten Kunden ein schnelles und problemloses einkaufen zu günstigen Preise, sog. „One-Stop-Shopping".[89] Bei hochwertigen Waren verlangt der Kunde jedoch auch eine individuelle Beratung.[90]
Aus unternehmerischer Sicht spricht für den Standort „Grüne Wiese" vor allem der Preis, da die Grundstückspreise, Mieten etc. auf der „Grünen Wiese" meist günstiger sind, aber schnell viel Umsatz machen sollen.

4.3. Vor- und Nachteile der Ansiedelung

Ein Aspekt, der das schnelle Wachstum von Einkaufszentren auf der „Grünen Wiese" erst ermöglicht - der Weg zum Einzelhandelsgeschäft und die Infrastruktur um dieses herum.
Bei Einkaufszentren auf der Grünen Wiese handelt es sich meist um Vollsortimenter die sowohl Güter des kurz- und mittelfristigen Bedarfs, als auch die für den langfristigen Bedarf führen. Diese drei Gruppen stellen wiederum drei unterschiedliche Einzugsgebiete da, welche sich auch auf die Erreichbarkeit auswirken. Gleichzeitig stellt das Vollsortiment, aber auch einen großen Vorteil dar, da Konsumenten ohne große Wege am POS zurückzulegen, alle Einkäufe auf einmal erledigen können. Agglomerationsvorteile wären hier, z.B. ein höheres Leistungsniveau, d.h. größere Auswahl, günstigere Preise und Zeitersparnis durch eine räumliche Konzentration.[91] Die meist Autobahn nahe Lage der EKZ's begünstigt Ihre Erreichbarkeit stark. Zusätzliche Konsumenten, werden durch Unterhaltung wie Kino, Bowling etc. auch außerhalb der regulären Öffnungszeiten in die Einkaufszentren gelockt und erhöhen so die Werbewirkung in den Schaufenstern.[92] Ein weiterer Vorteil ist die Nutzung von Agglomerationsvorteilen aus betriebswirtschaftlicher Sicht, als auch als Faktor für die Kundenattraktivität. Einkaufs- und Marketingaktivitäten können z.B. optimal aufeinander abgestimmt und koordiniert werden.
Einkaufszentren können etwas verwirklichen, was in Innenstädten oder Ortskernen wegen der komplizierten Besitzverhältnisse kaum möglich ist: Sie können die Höhe der Standortkosten

---

[87] Betriebswirtschaftliche Schriften, Das Shopping Center, Prof. Dr. Horst Joachim Jaeck, Duncker und Humblot Verlag Berlin, 1979, S. 54
[88] Standortmanagement Bienert S. 82
[89] Betriebswirtschaftslehre des Handels, Gabler, 2 Auflage , S.109
[90] Stand und Perspektiven des Handelscontrolling, Jürgen Graßhoff, Christian Marzinik und Peter S. Niederhausen S. 30
[91] Konsument und Einkaufszentrum, Eckert, Gabler Verlag, S. 116
[92] Beiträge zur Mittelstandsforschung, Joachim Steiner, Verlag Otto Schwarz, S. 60/61

---

für den einzelnen Teilbetrieb über differenzierte Mieten an die branchenspezifische Umsatz-
und Ertragslage der Betriebe anpassen. Hierdurch kann wiederum der Branchenmix, welcher
höchst wichtig für die Standortattraktivität ist, optimiert werden.[93] Der Ausbau innerstädtischer Geschäftszentren ist in den Städten nur mit großen Kosten möglich.
Flächenextensive Betriebe, wie z.b. Möbelhäuser, Baumärkte etc. finden sich daher meist in
EKZ´s „auf der grünen Wiese".[94]
Grüne Wiese Projekte entziehen den Innenstädten hierdurch Kaufkraft, aber verstärkt wird
dieser ruinöse Wettbewerb zusätzlich noch durch den Standortwettbewerb der Kommunen
untereinander. Umlandsgemeinden und Nebenzentren verändern dadurch Verkehrs- und
Kaufströme.[95]
Ein weiteres Erfolgsmerkmal der „Grünen Wiese" ist die Bereitstellung von großzügigen,
ausreichenden und vor allem kostenfreien Parkmöglichkeiten. Hierbei muss man jedoch auch
auf das subjektive Empfinden jeden Individuums eingehen, denn selbst in Spitzenzeiten werden die Parkmöglichkeiten in Mittel-/Oberzentren nur zu 60 – 80 % ausgenutzt.
Das Vorhandensein von ausreichendem Parkraum in kurzer Entfernung zur Einkaufsstätte
befriedigt das Kundenbedürfnis nach Bequemlichkeit. PKW-Kunden haben für die Shopping
Center eine herausragende Bedeutung.[96] Das Automobil ist für die Kunden das beliebteste
Fahrzeug um zum Point of Sale zu kommen.[97]

Abb.5 Verkehrsmittelbenutzung von Shopping-Center-Kunden

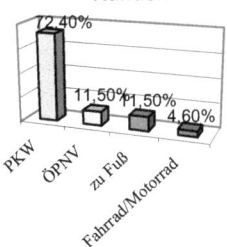

Angelehnt an Standortmangement,
Bienert, Gabler Verlag, S. 59

Für Bau- und Möbelmärkte ist der Standort „Grüne Wiese" von großem Vorteil und auch besonders für den Kunden. Durch das großzügige Parkplatzangebot wird der Transport der ge-
kauften Güter im Gegensatz zur Innenstadt stark vereinfacht und trägt somit auch zum Nutzen
der Konsumenten bei.
Schlechter Service führt zu einer Abwanderung von Kunden. Für einen zusätzlichen Umsatz
ist es wichtig, Dienstleistungen komplementär zu bestehenden Produkten anzubieten.[98]
Einkaufszentren haben hier meist mehr Möglichkeiten und bieten dem Kunden somit z.B.
einen lebenslangen Kundendienst, kostenlose Lieferung und kostenlose Parkplätze. Dies trägt
dann wiederum unter Umständen zu einer langen Kundenbindung bei. Für viele Menschen ist

---

[93] aus einem Vortrag zum Thema „Standortprobleme des Einzelhandels", „Handel im Wandel" Peter Weichert
1999
[94] Der Handelsbetrieb, Tietz, Verlag Vahlen, 1985, S. 1403/1405
[95] www.dihk.de/inhalt/download/leitbild_stadtentwicklung_handel.pdf (Abfragedatum 04.06.2006)
[96] Standortmanagement, Bienert, Gabler Verlag, S 59
[97] Erfolgsfaktoren von Einkaufszentren, Antje Bastian, Deutscher Universitätsverlag, 1999

[98] io new Management, Zeitschrift für Unternehmenswissenschaften und Führungspraxis, Ausgabe
10/2005 S. 36, 38

der Kauf von beratungsintensiveren Gütern mit erheblichen Aufwand und Frust verbunden – mit Hilfe von „Lean Consumption" soll, gerade in den Einkaufszentren hier Abhilfe geschafft werden.
Als   wichtige   Punkte   sind   hier   besonders   zwei   Aspekte   zu   nennen:

1. Kundenprobleme vollständig zu lösen, indem man dafür sorgt das alle
   - Produkte und Dienstleistungen funktionieren und untereinander kompatibel sind.
   - Kunden kaufen Güter und nutzen Dienstleistungen um Probleme zu lösen und wüschen sich hierfür Komfort und eine Zeiterspamis.
   - Der Prozess vom suchen, finden, kaufen und Instandhalten verläuft selten reibungslos und verlangt daher einen guten Kundendienst vor Ort.
2. Lösungen kontinuierlich in den Gesamtprozess einzubinden, um den Zeitaufwand und die Mühe des Kunden zu minimieren.
   - z.B. ein Gesamtpaket von angebotenen Dienstleistungen: kostenlose Parkplätze, kostenlose Kinderbetreuung, Innenarchitektur-Service, samstags Lieferung, lebenslanger Kundendienst. [99]

(angelehnt an Harvard Business Review, Juni 2005 Art. „Der schnelle Weg zum Kunden")

Bettler, Musikanten etc. die den Konsumenten beim Einkauf in der Innenstadt belästigen, trifft man in den Einkaufszentren gar nicht an, denn diesen Personengruppen wird der Zutritt meist verwehrt.
Längst nicht alle Städte haben, wie z.B. Kiel und Stuttgart ein generelles Bettelverbot in der Stadt erlassen. Zur Fußball Weltmeisterschaft dieses Jahr kam es wegen dieses Themas zu einer öffentlichen Diskussion.
Angefacht wurde diese von dem Hamburger Innensenator Udo Nagel auf Druck der Geschäftsleute der Hamburger Innenstadt. Die Unternehmer kommen mittlerweile aus ganz Deutschland und sind es nicht gewohnt das Obdachlose vor Ihren Filialen schlafen und übten deshalb Druck auf die Politik aus. [100]
Nachteile der Ansiedelung von Einkaufszentren auf der „Grünen Wiese" entstehen hauptsächlich in den Kernzentren der Städte um die „Grünen Wiesen" herum. Hier kommt es zu einer starken Abwanderung der Kundschaft und einem Verlust der Kaufkraft bzw. zu einem zentralörtlichen Funktionsverlust der Innenstädte. [101]
Mittlerweile kommt der Ruf nach gesetzlichen Einschränkungen gegen die Ansiedelung von Einkaufszentren auf der „Grünen Wiese" auf, da z.B. in touristischen Zentren eine attraktive Innenstadt stark mit der Attraktivität des Ortes zusammenhängt. Durch die Peripherieansiedelung verlieren diese Standorte stark an Attraktivität und tragen damit nicht nur zu einem Kaufkraftverlust, sondern auch zu einem Verlust als Tourismusstandort bei.

Probleme bei der Ansiedlung auf der „Grünen Wiese" treten vor allem bei der Nahversorgung auf. Aufgrund der Vergreisung unser Gesellschaft und des Abwanderns der Kaufkraft – und die damit verbundene Schließung kleiner Lebensmittelgeschäfte wird es für ältere Menschen immer schwieriger sich die Produkte des täglichen Lebens zu beschaffen.

---

[99] Havard Business Review, Ausgabe Juni 2005, Artikel „Der schnelle Weg zum Kunden"
[100] taz 04.05.06 Artikel: „Das wichtigste ist sie nicht zu sehen" von Friederike Gräff
[101] Städte vor neuen Herausforderungen, Egeln/Seitz, Nomos Verlag, 1 Auflage, 1998, Seite. 164

Das Problem der fehlenden Nahversorgung[102] lässt sich aber auch auf die jüngsten unserer Gesellschaft übertragen – die Kinder. Für sie ist es wichtig Ihr Wohnumfeld zu erkunden und dazu gehört auch der selbstständige Einkauf für die Familie.

In vielen Dörfern in ländlicher Umgebung gibt es keinerlei Einkaufsmöglichkeiten mehr, was dazu führt, das Kinder, genauso wie alte oder weniger mobile Menschen keine Versorgung mehr vor Ort haben.[103]

Ein weiterer Nachteil der geplanten Einkaufszentren ist die fehlende „historische" Umgebung, wie es in den gewachsenen Innenstädten der Fall ist. Diese trägt sehr zum Ambiente einer Einkaufsstätte bei und der Verlust führt dazu, dass viele Konsumenten auf dem Wochenmarkt einkaufen – des Ambientes wegen.[104]

Einkaufszentren sind anonymere Einkaufsstätten als die Innenstadt einer Kleinstadt, sie bieten aufgrund der Größe weniger Möglichkeiten der persönlichen Konversation mit Angestellten und vor allem aber auch Freunden und Bekannten, die man bei einem Einkauf in der Innenstadt sonst getroffen hätte.

4.4. Probleme der „Grünen Wiese"

Ein großes Problem der „Grünen Wiese" ist der starke Wettbewerb unter den verschiedenen Geschäften in einer großen Mall. Dieser Wettbewerb trägt zur Insolvenz vieler Läden bei und begünstigt die Filialisierung, wie in den Innenstädten.

Der Wunsch der Haushalte nach Urbanität führt dazu, dass die „Grüne Wiese" als Wohnort stark an Attraktivität verloren hat und es die Menschen wieder mehr in die Stadt zieht.

Die Zahlen der Neubauten von Einkaufszentren auf der „Grünen Wiese" sind leicht rückläufig, was wiederum auf die Entfernung zwischen Wohnort und Einkaufsstätte zurückzuführen ist. Wie die Innenstädte sind auch die Unternehmen auf der „Grünen Wiese" von der Kaufzurückhaltung der Konsumenten betroffen. Weiterhin werden sie auch belastet durch den Internethandel sowie durch die Ansiedelung von Factory-Outlet-Centern.[105]

Probleme durch die Ansiedelung von Einkaufszentren auf der „Grünen Wiese", entstehen aber auch den umliegenden Kommunen. Die Kundenströme und vor allem die Lieferanten bewegen sich auf Straßen zu den Einkaufszentren, die für derartige Dauerbelastungen meist nicht ausgelegt sind, und so entwickelt sich die Verkehrslast zu einem großen Problem. Weiterhin leidet die Natur unter dem Flächenverbrauch durch Parkplätze und Bebauung. Hierdurch geht wertvolle Fläche verloren, die der Natur dann nicht mehr zur Verfügung steht.[106]

---

[102] www.dihk.de/inhalt/download/leitbild_stadtentwicklung_handel.pdf (Abfragedatum 09.06.2006)
[103] Spiegel, Artikel: Sterbendes Land von Jochen Bölsche, 15 März 2006
[104] ditopro.ais.fraunhofer.dehttp://66.249.93.104/search?q=cache:zHm11nmFL-
EJ:ditopro.ais.fraunhofer.de/zeno/forum%3Faction%3DviewJournal%26id%3D1880
%26view%3Dsearch+Nachteile+Gr%C3%BCne+Wiese+Einkaufszentren&hl=de&gl=de&ct=clnk&c
d=12) (Abfragedatum 24.05.2006)

[105] www.dssw.de/downloads/dl_ek_dssw_02.pdf (Abfragedatum 01.06.2006)
[106] www.wikipedia.org/wiki/Einkaufszentrum (Abrufdatum12.06.2006)

---

5 GRÜNE WIESE – RISIKO FÜR INNENSTÄDTE

5.1.Spannungsfeld „Grüne Wiese" und Innenstadt

„Die Ursache der entstehenden Konkurrenzbeziehungen liegt immer in den Vorstellungen und Verhaltensweisen der Verbraucher". [107]

Unterschiedliche Verbrauchervorstellungen führen zu Konkurrenzbeziehungen zwischen klassischen Einkaufszentren wie Innenstädten und Shopping Centern.[108]
Die Verlagerung von Handelsschwerpunkten auf den Rand, auf die Peripherie einer Stadt führt zu einem Spannungsfeld zwischen den Innenstädten und Einkaufszentren auf der Grünen Wiese.[109]
Shopping Center versuchen den Kunden neben dem Angebot an Waren- und Dienstleistungen auch ein Einkaufs- und Freizeiterlebnis zu bieten.
Die Errichtung von Shopping Centern führt jedoch zu einer Abwanderung von Kaufkraft.
Gerade kleine Einzelhandelsbetriebe in Innenstädten sind betroffen.[110]
Dies führt zu einer Umlenkung der Kaufkraftströme und zu einem Kunden- und Nachfragerückgang gerade in den Innenstädten.
Die Folge sind leer stehende Geschäftsräume und ein hoher Filialisierungsgrad, dies führt wiederum zu einer standardisierten Innenstadt.
Kritiker sprechen das Bau- und Planungsrecht an, welches zwar sehr genaue Regelungen und Richtlinien für Handelsansiedlungen an der Peripherie vorsieht, gleichzeitig aber große planerische Handlungsspielräume lässt.[111]
Kommunen setzen sich meist eine günstige Einzelhandelsausstattung im Interesse Ihrer Bürger als Ziel. Gleichzeitig verfolgen sie jedoch auch eine Minimierung der Infrastrukturausgaben bei gleichzeitiger Maximierung von Steuereinnahmen. [112]

5.2.Identitäts-, Identifikations- und Imageverlust der Innenstädte

Brockhaus definiert Identität als: die Gleichheit mit sich selbst. identisch, völlig gleich, gleichbedeutend; identifizieren, als dasselbe wieder erkennen.
Des weiteren Image: als ein durch Werbung und Public Relations erzeugtes gefühlsbetontes Vorstellungsbild über bestimmte Meinungsgegenstände und
Identifikation (Identifizierung) als: Gleichsetzung, Feststellung der Gleichheit bzw. der Übereinstimmung.
Die Innenstädte verlieren Ihre Identität und ihr Image durch Ihre eigene Politik.
Häufig gibt es keine Einigkeit über Öffnungszeiten was dazu führt, das Kunden zwar in einem Geschäft einkaufen können, das Geschäft nebenan aber unter Umständen schon geschlossen hat.[113]
Ein hoher Fillialisierungsgrad führt dazu, dass sich Innenstädte in verschiedenen Städten

---

[107] Shopping Center Handbuch, Bernd R. Falk, 1973 S.265
[108] Shopping Center Handbuch, Bernd R. Falk, 1973 S.266
[109] www.pfalz.ihk24.de/LUIHK24/LUIHK24/produktmarken/standortpolitik/wirtschaftspolitik/ anhaengsel/City_und_GrueneWiese.PDF (Abfragedatum 30.05.2006)
[110] Eckert, Konsument und Einkaufszentrum, Gabler Verlag, 1978, S.113
[111] www.pfalz.ihk24.de/LUIHK24/LUIHK24/produktmarken/standortpolitik/wirtschaftspolitik/ anhaengsel/City_und_GrueneWiese.PDF (Abfragedatum 18.06.2006)
[112] Der Handelsbetrieb, Tietz, Vahlen Verlag
[113] Zitat von Frau Mehrtens, Centermanagerin Weserpark

---

immer mehr ähneln und somit ihr Flair und den historischen Stadtkern verlieren.
Durch die steigende private Mobilität wird es den Konsumenten ermöglicht auch außerhalb
„Ihrer" Stadt einzukaufen, was dazu führt, das Kaufkraft abwandert.[114]
Nicht mehr nur die Innenstädte sind soziale Treffpunkte, auch Einkaufscenter versuchen
durch Aktionen mehr und mehr Konsumenten anzulocken, um Ihnen mehr als nur Konsum zu
bieten.
Immer mehr Kunden möchten Ihren Einkauf an <u>einem Ort</u> und ohne große Wege erledigen,
Kunden identifizieren sich nicht mehr nur mit Ihrer Stadt, sondern auch mit „Ihrem"
Einkaufscenter.
Innenstadtcenter sind in Ihrer Fläche begrenzt, dies führt dazu, das die Kopplungspotentiale,
die Verbindung von Lebensmitteleinkäufen, mit dem Besuch eines Baumarkts oder eines Fri-
sörbesuchs für den Konsumenten sehr gering sind.[115] Die Kombination aus Lebensmittel-,
Bau-, und Möbelmarkt ist aufgrund der Flächenbegrenzung und der Grundstückspreise in der
Innenstadt schwierig zu realisieren.
Dadurch können die Innenstädte diesen Wünschen nicht immer nachkommen,
da das Aufkommen von Shopping Centern über alle Standorte verteilt ist.

Abb. 6 Shopping-Center nach Standortlage

17%

41%

42%

■ Innenstadt
□ Stadtteil
■ Grüne Wies

Angelehnt an EHI-Shopping-Center-Report 2005,Köln

---

[114] Betriebswirtschaftliche Schriften, Das Shopping Center, Prof. Dr. Horst Joachim Jaeck, Duncker
und Humlot Verlag 1979, S. 54
[115] Erfolgsfaktoren von Einkaufszentren, Antje Bastian, Seite 141

6 STELLENWERT DES HANDELS FÜR STADTMARKETING

6. Stellenwert des Handels fürs Stadtmarketing

Für das Stadtmarketing ist der Handel traditionell ein wichtiger Beteiligter im Stadtmarketingkonzept. In vielen Fällen ist die Sorge des Handels um die Vitalität der Innenstädte sogar der Auslöser für Stadtmarketingaktivitäten. Die Einzelhändler ist sowohl an der Entstehung der langfristigen Entwicklungsziele, als auch an der konkreten Maßnahmenplanung und –umsetzung beteiligt. Der innerstädtische Handel ist von entscheidender Bedeutung für eine lebendige Innenstadt, aber er ist genauso auf eine Attraktivität der Innenstädte angewiesen. Eine Attraktive Innenstadt führt nämlich zur Verbesserung der Kaufkraftbindung.

Abbildung 7

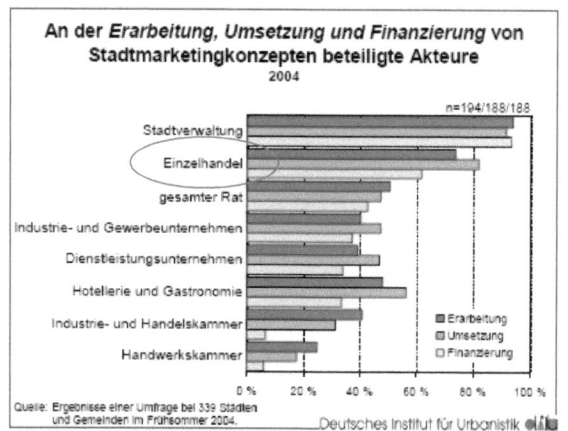

Abbildung: Beteiligte Akteure im Stadtmarketingkonzept ‚Difu 2005

Abbildung 8

Als Fazit kann man sagen, der Mensch braucht die Stadt, Gleichzeitig braucht die Stadt den Handel und der Handel die Stadt.

Handel   Mensch

Stadt

Abhängigkeit Handel/Mensch/Stadt, eigene Darstellung

---

7   ERLÄUTERUNGEN AM BEISPIEL DER INNENSTADT OHZ UND DER „GRÜNEN WIESE" WESERPARK

7.1. Standortbeschreibung und -entwicklung Osterholz-Scharmbeck

Die erste urkundliche Erwähnung Scharmbecks geht auf das Jahr 1043 zurück. Aufgrund des Zusammenschlusses der beiden Orte Osterholz und Scharmbeck im Jahre 1927, erhielt die Gemeinde im Jahre 1929 die Stadtrechte verliehen. Osterholz-Scharmbeck befindet sich ca. 20 Kilometer nordnordöstlich von Bremen und 53 Kilometer von Bremerhaven entfernt und liegt an der „Hamme", einem Nebenfluss der Weser.

Bestehend aus der Kernstadt und den neun einzelnen Ortsteilen Heilshorn, Hülseberg, Ohlenstedt, Garlstedt, Pennigbüttel, Sandhausen, Scharmbeckstotel, Freißenbüttel, Teufelsmoor, nimmt die Stadt eine Fläche von 147 Quadratkilometern ein.
Osterholz-Scharmbeck übernimmt hierbei die Funktion eines Mittelzentrums für die umliegenden Ortsteile. Auch für die benachbarten Gemeinden Ritterhude und Worpswede wird eine übergemeindliche Versorgungsfunktion wahrgenommen[116].
Insgesamt sind 32881 Einwohner mit Hauptwohnsitz in Osterholz-Scharmbeck gemeldet[117].
Die Einzelhandelsausstattung in der Stadt Osterholz-Scharmbeck umfasst insgesamt 197 Betriebe mit einer Verkaufsfläche von ca. 70.700 qm und einer Umsatzleistung von ca. 147,4 Mio. Euro[118].
Osterholz-Scharmbeck bietet für die Einwohner der Stadt, als auch für Besucher kulturelle Veranstaltungen jeglicher Art, viele Sport- und Freizeitgestaltungsmöglichkeiten, sowie Ausflugsmöglichkeiten.
Die Innenstadt von Osterholz-Scharmbeck lässt sich nur im Ortsteil Scharmbeck feststellen, wobei der Bereich „Kirchenstraße", „Marktplatz", „Bahnhofstraße", „Poststraße" als Haupteinkaufsbereich erfasst wird.
71% der Betriebe sind in diesem Bereich angesiedelt, wohingegen im Bereich Osterholz es nur noch zu Geschäften in Solitärlage kommt[119].
Neben der traditionell gewachsenen Innenstadt (konzentriert um die ev.-luth. Kirche „St.Willehadi" als Stadtmittelpunkt), dem Marktplatz, vielen Einzelhandelsgeschäften und Filialen namhafter Gruppierungen wie z.B. „Schlecker","Rossmann","KIK","Aldi","Fielmann","Ihr Platz", Banken und Dienstleistern, welche alle in der Innenstadt angesiedelt sind, ist es darüber hinaus zu einer Ansiedlung auf dem so genannten „Pumpelberg" gekommen.
Die Ansiedlung „Pumpelberg" agiert als Nebenzentrum, welches mit der Ansiedlung von „Marktkauf", „Marktkauf-Baumarkt", „Lidl", „Expert-Bening", „Aktiv" und „McDonalds" einen eigenständigen Charakter bekommen hat und vorwiegend die Bereiche von nicht-innenstadtrelevanten Sortimenten fördert.
Auch die zweite dezentrale Ansiedlung um den Möbelmarkt „Meyerhoff" herum, bietet mit einer Ansiedlung von „Meyerhoff Küchenwelt", „SparMeyer", „Hol Ab-Getränkemarkt" und „Aldi", zwar mit den beiden letztgemeinten Geschäften einen innenstadtrelevantes Sortiment, welches jedoch nur ergänzend – als Stärkung des Möbelmarktes - entstanden ist und sich ebenfalls in der Innenstadt Osterholz-Scharmbecks wieder finden lässt.

---

[116] www.marktplatz-osterholz.de/Kommunen/Osterholz_Scharmbeck (Abfragedatum 11.06.2006)

[117] www.osterholz-scharmbeck.de/index.phtml?NavID=398.4 (Abfragedatum 16.06.2006)

[118] GMA-Gutachten der Stadt Osterholz-Scharmbeck aus dem Jahre 2001

[119] GMA-Gutachten der Stadt Osterholz-Scharmbeck aus dem Jahre 2001

7.2. Perspektiven, zukünftige Planungen, Innovationen
7.2.1. Allgemeine Situation

Wie in der Ausarbeitung bereits dargestellt befindet sich die Innenstadt in einer Zeit des Umbruchs und zahlreiche Probleme – verändertes Verbraucherverhalten , Konkurrenz der „grünen Wiese" , Identitäts- und Imageverlust – sind bereits vorhanden bzw., werden auf die Innenstadt zukommen.

Um die Struktur der Innenstädte zu erhalten und falls nötig in ihrer „urbanen, zentralörtlichen Funktion zu stärken"[120] bedarf es verschiedenster neuer Ansätze, eines Umdenkens und eines Miteinanders innerhalb der Gruppierungen von Interessenvertretern der Stadt.

Folgende Perspektiven „könnte" es geben[121]:

- durch gemeinsame Maßnahmen des Handels, der Kultur, der Gastronomie und von Freizeiteinrichtungen muss die Innenstadt gestärkt und durch ein professionelles Management und Marketing als Erlebnisraum Innenstadt sichtbar gemacht werden
- Steigerung der Attraktivität durch die Dienstleistungspalette
- Erhalt der öffentlichen Dienstleistungen und Einrichtungen innerhalb der Stadt
- Steigerung der Aufenthaltsqualität / Abbau von verhaltensorientierten Problemen
- historische, bauliche und funktionelle Dichte als Ambiente nutzen
- Erreichbarkeit der Innenstädte (Mobilität) erhöhen, Parkplätze zur Verfügung stellen
- Steigerung des öffentlichen Nahverkehrs
- Bebauungspläne abstimmen und den Denkmalschutz nicht als Hindernis, sondern als Möglichkeit ansehen in diesen Gebäuden dennoch Einzelhandel anzusiedeln
- Spielräume bei der Gestaltung und Werbung zulassen
- Ladenöffnungszeiten „entschärfen" (z.B. abendliche Shoppingevents)
- Einstellen auf einen neuen Kundentypus der Senioren (Sortiment, Ruhezonen)

7.2.2. Perspektiven für Osterholz-Scharmbeck

Nach der allgemeinen Erläuterung für Perspektiven im Bereich der Städte/Innenstädte gibt es auch eine Fülle von Ideen und Erwartungen für das Stadtgebiet von Osterholz-Scharmbeck. Osterholz-Scharmbeck muss sich seiner Ziele und Chancen bewusst werden, und so versuchen den steigenden Anforderungen an Leben, Wohnen und Zusammenleben in einer identitätsstiftenden Weise gerecht zu werden.

Hierzu gehören[122]:

- die Schließung von Leerständen im Innenstadtbereich
- Entwicklungschancen des Einzelhandels liegen hier primär nicht in einer Verkaufsflächen Expansion, sondern in einer qualitativ angemessenen Neubesetzung bestehender Läden
- eine Verbesserung der vorhandenen Einzelhandels- und Dienstleistungsangebote sowie einer Optimierung der Einkaufsatmosphäre
- der Facheinzelhandel muss in naher Zukunft wirkungsvollere Maßnahmen ergreifen, um sich von konkurrierenden Zentren abzusetzen. Diese kann durch Werbung, Aktionen, Zusammenschluss in Interessengemeinschaften etc. erfolgen
- die Arbeit und Kommunikation des vorherrschenden „Wirtschaftstreffs" – der Kooperation

---

[120] Blank, Oliver , Entwicklung des Einzelhandels in Deutschland , 2004 , S. 52
[121] Text in Anlehnung an: Innenstädte beleben – Stadtregionen stärken, Stippler/Müller, DIHK, Berlin, 2001
[122] Text in Anlehnung an GMA-Gutachten der Stadt Osterholz-Scharmbeck , 2001

---

von innenstadtangesiedelten Dienstleistern, Einzelhändlern und Gruppierungen des öffentlichen Lebens - sollte ausgebaut werden
• bauliche Strukturen – denkmalgeschützte Gebäude, Kirchenlegate innerhalb der Innenstadt - sollten in die Innenstadt aktiv miteingebunden werden, und es sollte zu Kooperationsgemeinschaften beider Seiten kommen[123]
• die Arbeit des Stadtmarketings Osterholz-Scharmbeck sollte weiter fortgeführt werden – Aktionen, Kultur etc. fördern den „Erlebnisraum Innenstadt" und schaffen neue Besucherinteressen
• „gute Erreichbarkeit der Innenstadt durch individuellen PKW-Verkehr, aber auch durch öffentlichen Nahverkehr und Schaffung von ausreichend Parkplätzen in fußläufiger Erreichbarkeit der Geschäfte"[124] trifft auf die Innenstadt Osterholz-Scharmbecks vollkommen zu

7.3. Standortbeschreibung und -entwicklung des Weserpark

Der Weserpark in Bremen wurde 1990 gebaut und 1996 erweitert und ist mit 120.000 m² überdachter Fläche das größte Einkaufszentrum in Deutschland.
Dieser Typ von Einkaufscenter tritt am häufigsten auf, da hier die Zentrenpolitik am wirksamsten und am zielgerichtetesten betrieben werden kann.[125]
Das Gelände verfügt über ca. 3500 Parkplätze und befindet sich direkt an den Autobahnen A 27 und A 1. Im Weserpark sind 114 Geschäfte verschiedenster Branchen angesiedelt. Ankermieter[126], sind: H & M (2.000 m²), C & A (3.000 m²), SportVoswinkel (3.000 m²), Peek & Cloppenburg (4.000 m²), Adler Modemarkt (5.000m²), Media Markt (6.000 m²), Hornbach (13.000 m²) und real,- (16.000 m²).
Ergänzt wird das Angebot durch Dienstleistungsunternehmen wie eine Postfiliale, Reisebüros, Frisöre und Schuh- und Schlüsseldienstleister.
Im Jahr besuchen bis zu 240.000 Menschen das Einkaufszentrum.

7.4. Perspektiven, zukünftige Planungen und Innovationen
Der Weserpark setzt auch in der Zukunft stark auf Kundenbindung und auf die Schaffung einer angenehmen Einkaufsatmosphäre. Die Aufenthaltsqualität wurde deutlich gesteigert und diese Linie soll auch in Zukunft beibehalten werden.
Aus dem Einkaufszentrum wird so auch ein sozialer Treffpunkt und durch Aktionen wie die Jobbörse werden immer mehr Konsumenten in den Weserpark gelockt.
Die nächste größere bauliche Maßnahme ist die Umgestaltung der Straßen zum Weserpark, da es hier gerade an Samstagen oft zu Staus im Kreuzungsbereich kommt.
Der Kunde wünscht sich ein großes Sortiment an einem Ort.

---

[123] siehe dazu auch Vortrag Bulwien, Hartmut „Standort Innenstadt: Welche Unternehmer und Unternehmungen werden gebraucht?", Kongress vom 10.-11.03.1997 (Kongreßband Bremer Handelssymposium, Brunken, A., S. 53 ff)
[124] Dr. Güttler, Helmut , Innenstadt und Einzelhandel – Eine politische Herausforderung für das nächste Jahrtausend? , Vortrag , Kongress vom 10.-11.03.1997 (Kongreßband Bremer Handelssymposium, Brunken, A. , S. 42)
[125] Erfolgsfaktoren von Einkaufszentren, Antje Bastian, Deutscher Universitätsverlag, 1999, Seite 29
[126] **Ankermieter:** Unternehmen die aufgrund Ihres Sortiments oder Ihrer Größe Kunden in ein bestimmtes Einkaufszentrum ziehen.

Der Wunsch nach Bequemlichkeit und die Tendenz zum „one-stop-shopping" führen dazu, dass große Einkaufscenter beim Konsumenten immer beliebter werden.

7.5. Befragung von Interessengruppen

Um die in Literatur angegebenen Werte zu stützen und um eine Meinung von verschiedenen an der Innenstadt beteiligten Gruppen zu erhalten, bedienen wir uns an dieser Stelle der Erhebungstechnik der Befragung. Hierbei wurde von uns vordergründig nach der Wahrnehmung der Innenstadt, dem Zweck/Nutzen für den Einzelnen, sowie nach Wünschen, Anregungen, Ideen der Besucher gefragt

„Unter Befragung versteht man ein planmäßiges Vorgehen mit der Zielsetzung eine Person mit gezielten Fragen zur Angabe der gewünschten Informationen zu bewegen".[127]

Die Befragung wurde als „qualitative"[128] Umfrage in Form eines persönlichen Einzelgesprächs durchgeführt, wobei eine mehrmalige, aber unregelmäßige Erhebungshäufigkeit benutzt wurde.

- durchgeführt in der Innenstadt Osterholz-Scharmbeck
- Erhebung an den Wochentagen Montag, Mittwoch, Freitag ,sowie am Sonntag
- insgesamt wurden 120 Personen befragt
- von 120 befragten Personen, kam es zu 1 Verweigerung

7.5.1. Wahrnehmung der Innenstadt

Aus der durchgeführten Befragung lassen sich folgende innenstadtrelevanten Aspekte und Wünsche der Besucher ablesen:

Die Innenstadt von Osterholz-Scharmbeck wird als bedeutender Freizeitstandort wahrgenommen und ist gleichzeitig wichtiger Standort für Konsum- und Dienstleistungsbelange.

Deutlich mehr als die Hälfte aller Befragten beurteilen die Innenstadt als leise, sicher, übersichtlich und gepflegt.

Verhaltensorientierte Probleme lassen sich also hieraus für die Osterholz-Scharmbecker Innenstadt nicht ableiten.

Dennoch sieht sich die Innenstadt einigen Problemen gegenüber, die ihren Freizeit- und Erlebniswert deutlich mindern.

Defizite liegen in bestimmten Angebotssegmenten des Einzelhandels und der Gastronomie (80 % aller Befragten wünschen sich ein größeres und abwechslungsreiches Angebot an Gastronomie und ausgesuchten Geschäften). Auf bestimmte Altersgruppen (junge Leute und Senioren), sowie auf Lebensstile ausgerichtete Angebote sind nur in Ansätzen zu erkennen. Die demographische Struktur in Osterholz-Scharmbeck wird noch nicht genügend berücksichtigt.

Händler und Gastronomen partizipieren zwar an Veranstaltungen und scheuen neue, erlebnisorientierte Vermarktungsstrategien nicht, doch gleichwohl bedarf es einer neuen Strategie

---

[127] Thommen, Jean-Paul/Achleiner, Ann-Kristin , Allgemeine Betriebswirtschaftslehre , 2004 , S.147

[128] Qualitative Umfrage: wird bei einer statistisch nicht repräsentativen Zahl von Befragten durchgeführt, wobei diese in erster Linie der Motiv- und Meinungserhebung dient, um die grundlegenden Einstellungen der Befragten und deren Veränderungen über die Zeit zu erforschen ; Thommen/Achleitner , Allgemeine Betriebswirtschaftslehre , 2004 , S.147

„alte, eingesessene" Veranstaltungen zu erneuern bzw. zu überarbeiten. Ein erster Ansatz in der Form eines „Weinfestes", welches alle zwei Jahre stattfindet und von 95% der Befragten als bekannt und wichtig angegeben wurde, ist ein Schritt in die richtige Richtung.

Alle befragten Besuchergruppen, unabhängig des Alters, bemängeln die derzeitige Situation der öffentlichen Toiletten und der Spielgeräte für Kinder.

Ebenso eine Aufwertung der öffentlichen Plätze ist zu empfehlen.

Die Erreichbarkeit der Innenstadt ist durchaus gegeben und auch die derzeitige Parkplatzsituation wird als zufrieden stellend angesehen. Eine weitere Anbindung an das Netz des öffentlichen Nahverkehrs ist ratsam.

Die Situation der Geschäfte in der Innenstadt wird als zahlenmäßig gut, jedoch einseitig und teuer angesehen. Durch das Fehlen eines Lebensmittelversorgers in der direkten Innenstadt kommt es zu einer Einkaufsabwanderung in den Bereich der Peripherieansiedlung „Pumpelberg", und somit zu Zukäufen am „Pumpelberg" von innenstadtrelevanter Ware.

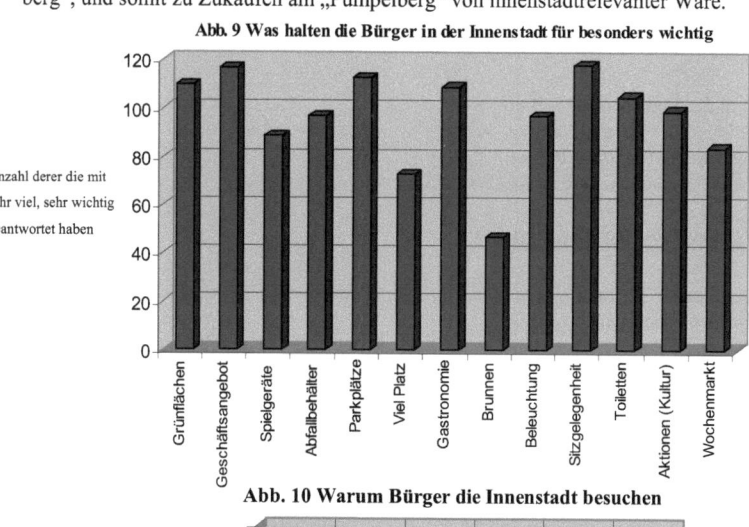

Abb. 9 Was halten die Bürger in der Innenstadt für besonders wichtig

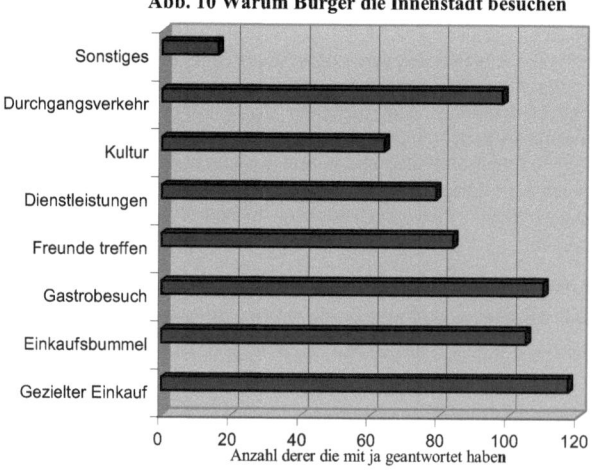

Abb. 10 Warum Bürger die Innenstadt besuchen

7.6. Expertengespräche

7.6.1. Vorgehensweise Expertengespräche

Nachdem wir eine Befragung von unterschiedlichen Besuchergruppen durchgeführt haben, und die Meinungen dieser in Verbindung mit den Funktionen und Aktivitäten ausgewertet haben, sollen an dieser Stelle der Ausarbeitung nun auch noch Vertreter sowohl des Bereiches der Stadt Osterholz-Scharmbeck, als auch der „grünen Wiese" am Beispiel „Weserpark" zu Wort kommen.

Die so genannten Expertengespräche wurden ebenfalls mit dem Ziel wie man Kaufkraft in der Innenstadt halten kann bzw. wie eine Innenstadt heutzutage „funktioniert" und ob diese Form der Ansiedlung noch zeitgemäß ist durchgeführt.

Die Ergebnisse dieser Befragung sind nicht repräsentativ, da die befragten Personen von uns eher zufällig ausgesucht wurden, sondern sollen u.a. die Vielseitigkeit der an einer Innenstadt beteiligten Personen aufzeigen.

Auf Seiten der Vertreter der Stadt Osterholz-Scharmbeck wurden Vertreter aus den Bereichen der Stadt (Bürgermeister) und des Stadtmarketing (Stadtmanager), sowie als Repräsentantin der „Grünen Wiese" die verantwortliche Centermanagerin des „Weserparks" ausgesucht.

Die einzelnen Gespräche fanden in persönlichen Einzelinterviews statt, und wurden durch Mitschrift bzw. Aufnahme von uns belegt. Mit einer anfänglich vorgegebenen fragebogenähnlichen Befragung konnten auch weitere Teilfragen im Gespräch eingefügt werden.

Die genauen Befragungen und Ergebnisse sind im Anhang dieser Ausarbeitung.

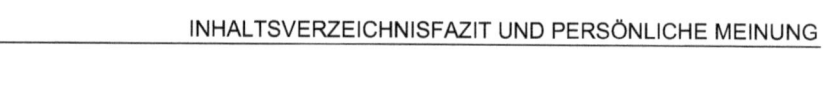

8 FAZIT UND PERSÖNLICHE MEINUNG

8. Fazit und Persönliche Meinung

Insgesamt betrachtet ist das Thema der Innenstadt und der Zukunft eben dieser ein interessantes Thema, welches als Bestandteil dieser Ausarbeitung nur einen kurzen Einblick in die umfassende Thematik geben kann. Neben dem Stadtmarketing und dem Handel sind es noch viele weitere Teilgebiete, welche eine weitere Rolle in diesem Zusammenhang spielen, und nur am Rande erwähnt werden konnten. So zu nennen sei z.b. der Branchenmix, die Innenstadtlogistik, räumlicher Aufbau, Architektur, die Struktur der Kirche als Großgrundstücksinhaber (Legate) in Innenstadtbereichen etc.

Aufgrund des rasanten Wandels unterliegt die Innenstadt fortwährend der Forderung nach Neuorientierung und die Innenstadt dürfe sich nicht nur ihrer „traditionellen" Rolle bewusst sein, sondern muss – um konkurrenzfähig zu sein und zu bleiben - auch andere Funktionen aufnehmen. So ist z.B. die Innenstadt als Erlebniscenter eine Möglichkeit sich „neuen" Besucherströmen zu öffnen und „alte" zu behalten.

Der Kunde von heute verlangt den Innenstädten einiges ab, und – aufgrund von wenig Zeit - wird das Einkaufen nicht mehr nur als Erlebnis gesehen, doch genau hier liegt – auch mit der Hilfe eines Stadtmarketings – die Möglichkeit einer Innenstadt – Anbieter von Multifunktionalität, einem Erlebnis und Einkaufen mit Flair – ein „neues Gewand zu geben" und sich im ständigen Konkurrenzkampf mit den Ansiedlungen an der Peripherie zu behaupten.

Der Kunde will sich eben inspirieren lassen und viele Dinge an einem Ort erledigen. Die Mitarbeiter eines Stadtmarketings, die Vertreter der Interessengruppen einer Stadt, die Einzelhändler und auch der einzelne Bürger ist gefragt sich einzubringen und seine Stadt aktiv mitzugestalten und zu verbessern – zum Wohle aller.

Unserer Meinung nach liegen hier die Möglichkeiten einer Innenstadt und so hoffen wir, der bewussten Nutzung dieser Chancen, um noch in einigen Jahren in einer strukturierten, einladenden Innenstadt einkaufen zu gehen.

LITERATURVERZEICHNIS

9.LITERATURVERZEICHNIS

Bücher
Allgemeine Betriebswirtschaftslehre, Thommen, Jean-P./Achleitner, Ann-K., 2004

Beiträge zur Mittelstandsforschung, Joachim Steiner, Verlag Otto Schwarz,

Betriebswirtschaftliche Schriften, Das Shopping Center, Prof. Dr. Horst Joachim Jaeck, Duncker und Humblot Verlag Berlin, 1979,

Betriebswirtschaftslehre des Handels, Gabler, 2 Auflage ,

City-Center, Bühler, Thomas, 1990

City-Marketing, Wagner D.

City-Management, City-Marketing, Stadtmarketing, Allheilmittel für die Innenstadtentwicklung?, Schaller U., 1993

City-Studie, Tietz, B., 1990

Die Analyse von Standorten und Einzugsbereichen, Heinritz, Günter, 1999

Die neuen Konsumenten, Lewis/Bridger, 2001

Der Handelsbetrieb, Tietz, Verlag Vahlen, 1985

Deutsches Institut für Urbanistik, 2005

Ein integriertes Stadtmarketing und Finanzierungskonzept für Kommunen, Granzow,T.J, 2004

Entwicklung des Einzelhandels in Deutschland, Blank, Oliver, 2004

Entwicklungsperspektiven der Bremer Innenstadt, Wortmann, W. , 1987

Einzelhandelsperspektiven, Tietz,B. , 1992

Erfolgreiches Einzelhandelsmarketing, Berekoven, Ludwig, 1995

Erfolgsfaktoren von Einkaufszentren, Antje Bastian,

Freizeit als Faktor der Stadtentwicklungspolitik und –planung, Schäflein S. 1994 Deutscher Universitätsverlag, 1999

Global-Play Ruhrgebiet, HelmerDenzel, A. , 2002

Handelsbetriebslehre Falk/Wolf

Handeln in der Innenstadt – Kongreßband Bremer Handelssymposium, Brunken/Schaper 1997

Innenstadt und Einzelhandel, Bunge, H., 1990

Konsument und Einkaufszentrum, Eckert, Gabler Verlag, 1978

Konsumentenverhalten, Kroeber-Riel, 1992

Stand und Perspektiven des Handelscontrolling, Jürgen Graßhoff, Christian Marzinik und Peter S. Niederhausen

Räumliche Identität als Aufgabenfeld der Städte- und Regionenmarketing, Wethmöller E., 1995

Standortmanagement Bienert, Gabler Verlag,

Standortwahl im Einzelhandel, Wotzka, P. , 1970

Städte vor neuen Herausforderungen, Egeln/Seitz, Nomos Verlag, 1 Auflage, 1998, Seite. 164
Stadtmarketing, Honert S., 1991

Stadtmarketing von Bayreuth, Prof.Dr Meier, Jörg , 2001

Stadtmarketing Kommunikation mit Zukunft, Konken M., 2005

Stadtmarketing und kommunales Audit, Pfaff- Schley H., 1997

Shopping Center Handbuch, Bernd R. Falk, 1973

Zur Bedeutung der Attraktivität der City, Kirchberg,V./Behn, O., 1988

Zeitschriften/Zeitungen

DIHK-Ausgabe, Artikel „Innenstädte beleben – Stadtregionen stärken", Stippler/Müller, DIHK, Berlin, 2001

GMA-Gutachten der Stadt Osterholz-Scharmbeck aus dem Jahre 2001

Havard Business Review, Ausgabe Juni 2005, Artikel „Der schnelle Weg zum Kunden"

io new Management, Zeitschrift für Unternehmenswissenschaften und Führungspraxis, Ausgabe 10/2005 S. 36, 38

OHZ Kreisblatt, Artikel: Städte nicht veröden lassen, 20.04.2006

Spiegel, Artikel: Sterbendes Land von Jochen Bölsche, 15 März 2006

taz 04.05.06 Artikel: „Das wichtigste ist sie nicht zu sehen" von Friederike Gräff

Internet

www.abindiemitte.de/

www.bfw-pp.de/stralsund/aktuell304.php
www.big-bremen.de/sixcms/media.php/75/Einzelhandelsreport_2003.pdf

www.bbr.bund.de

www.bbr.bund.de/exwost/initiative/download/BMVBW-HDE.pdf

www-brs.ub.ruhr-uni-
bochum.de/netahtml/HSS/Diss/HelmerDenzelAndrea/Zusammenfassung.pdf

www.dihk.de/inhalt/download/leitbild_stadtentwicklung_handel.pdf

ditopro.ais.fraunhofer.dehttp://66.249.93.104/search?q=cache:zHm11nmFL-
EJ:ditopro.ais.fraunhofer.de/zeno/forum%3Faction%3DviewJournal%26id%3D1880
%26view%3Dsearch+Nachteile+Gr%C3%BCne+Wiese+Einkaufszentren&hl=de&gl=de&ct
=clnk&cd=12)

www.dssw.de/hd_senio_0001.php

www.dssw.de/downloads/dl_ek_dssw_02.pdf

www.handelwissen.net/data/handelslexikon/lex-buchstabe.php?lex=b

www.Handelswissen..net/data/handelslexicon/buchstabe_g/Gruene_Wiese.php

www.ihk-nordwestfalen.de/handel/stadtmarketing.cfm

www.kiel.ihk24.de/KIIHK24/KIIHK24/produktmarken/index.jsp?url=http%3A//www.kiel.ih
k24.de/KII

HK24/KIIHK24/servicemarken/branchen/handel/stadtmarketing/Stadtmarketing_Prozess.jsp

www.pfalz.ihk24.de/LUIHK24/LUIHK24/produktmarken/standortpolitik/wirtschaftspolitik/
anhaengsel/City_und_GrueneWiese.PDF

www.marketing-marktplatz.de/Grundlagen/Erlebnismarketing.htm

www.marktplatz-osterholz.de/Kommunen/Osterholz_Scharmbeck

www.osterholz-scharmbeck.de/index.phtml?NavID=398.4

www.marktplatz-osterholz.de/Kommunen/Osterholz_Scharmbeck

www.osterholz-scharmbeck.de/index.phtml?NavID=398.4

www.wikipedia.org/wiki/Einkaufszentrum

www.wikipedia.org/wiki/Fu%C3%9Fg%C3%A4ngerzone

www.wikipedia.org/wiki/Innenstadt

www.wikipedia.org/wiki/Ladenpassage

www.wikipedia.org/wiki/Peripherie

www.wikipedia.org/wiki/Ladenverkauf#Schaufenstergestaltung

www.wikipedia.org/wiki/Stadtmarketing

www.wikipedia.org/wiki/standort

www.wikipedia.org/wiki/standortfaktoren

Abrufdaten werden genau in der Hausarbeit direkt beschrieben!

ANHANG

Fragebogen im Rahmen der Expertenbefragung Innenstadt
Studiengang: **Management im Handel**
Datum:
Uhrzeit:

1. Beschreiben Sie kurz den Standort Innenstadt Oster-holz-Scharmbeck
2. Wie bewerten Sie den Einzelhandel in der Innenstadt?
3. Was fällt Ihnen hierbei positiv und was negativ auf?
4. Welche Gefahren sehen Sie in einer Geschäftsansied-lung auf der „Grünen Wiese"?
5. Welche Möglichkeiten sehen Sie um Kaufkraft in der In-nenstadt zu halten?
6. Haben Einzelhändler Ihrer Meinung nach Interesse da-ran, dass die Innenstadt eine hohe Attraktivität be-sitzt?
7. Welchen Part übernimmt Ihrer Meinung nach das örtliche Stadtmarketing?
8. Welche Möglichkeiten von Zusammenarbeit gibt es?
9. Kann man diese noch steigern?
10. Unterstützen Sie (Ihr Amt) die örtliche Zusammenarbeit?
11. Wie sehen Ihre persönlichen Erwartungen für die Innenstadt OHZ in den kommenden drei Jahren aus?

HOCHSCHULE BREMEN
UNIVERSITY OF APPLIED SCIENCES

Fragebogen im Rahmen der Expertenbefragung „Grüne Wiese"
Studiengang: **Management im Handel**
Datum:
Uhrzeit:

1. Beschreiben Sie kurz den Standort Grüne Wiese?
2. Wie bewerten Sie den Handel auf der Grünen Wiese?
3. Was fällt Ihnen hierbei positiv und was negativ auf?
4. Welche Beweggründe gibt es um sich an der Peripherie anzusiedeln?
5. Welche Gefahren sehen Sie für die Geschäftsansiedlung auf der Grünen Wiese?
6. Welche zukünftigen Innovationen planen Sie um weiterhin eine solide Marktposition zu behalten?
7. Besteht ein Konkurrenzkampf zwischen Ihnen und den traditionellen Innenstädten?
8. Besteht ein Konkurrenzverhalten oder ein Miteinander in der Einzelhandelslandschaft des Einkaufszentrums?
9. Kann man einer möglichen standarisierten Einzelhandelsentwicklung entgegenwirken?
10. Spielen Aktionen eine Rolle im Einkaufszentrum?
11. Welcher Grund steht Ihrer Meinung nach dafür, dass immer mehr Menschen ein Einkaufszentrum aufsuchen?
12. Welche Funktion übernimmt ein Centermanagement?
13. Wie sehen Ihre Erwartungen für die „Grüne Wiese" bzw. speziell „Ihr Haus" in den kommenden drei Jahren aus?

Fragebogen Standortfaktoren Innenstadt/"Grüne Wiese":

Untersuchung der Wahrnehmung in Bezug auf Bedeutung und Unterschiede der Innenstadt am Beispiel Osterholz-Scharmbeck und dem Einkaufserlebnis auf der „Grünen Wiese"

Studiengang: **Management im Handel**

Datum: Interviewer:

Wochentag: Ort:

Uhrzeit: Fragebogen-Nr.:

Angaben zur Person:

1. Geschlecht	männlich	$O_{[1]}$	weiblich	$O_{[2]}$
2. Nationalität	deutsch	$O_{[1]}$	andere	$O_{[2]}$

3. Alter

15 – 19 Jahre	$O_{[1]}$
20 – 29 Jahre	$O_{[2]}$
30 – 44 Jahre	$O_{[3]}$
45 – 59 Jahre	$O_{[4]}$
60 – 69 Jahre	$O_{[5]}$
70 + Jahre	$O_{[6]}$

4. Wohnort   Postleitzahl: _____

5. Warum besuchen Sie die Innenstadt OHZ, warum ein Einkaufszentrum?
(Mehrfachnennungen möglich)

Gezielter Einkauf	$O_{[1]}$
Zum Einkaufsbummel	$O_{[1]}$
Gastronomiebesuch	$O_{[1]}$
Freunde treffen	$O_{[1]}$
Nutzung von Dienstleistungen (Arzt, Anwalt, Polizei)	$O_{[1]}$
Kulturelle Einrichtungen	$O_{[1]}$
Durchgangsverkehr	$O_{[1]}$
Sonstiges	$O_{[1]}$

---

6. Welche Geschäfte fallen Ihnen spontan in der Innenstadt OHZ und in einem Einkaufszentrum (z.B. Weserpark) ein?

_____

_____

_____

7. In welchen <u>drei</u> Geschäften (der Innenstadt/des Einkaufszentrums) kaufen Sie vorwiegend ein?

_____

_____

8. Kaufen Sie hier ausschließlich ein? Falls nicht, warum kaufen Sie woanders?

_____

_____

9. Wozu und wie intensiv nutzen Sie andere Einkaufsmöglichkeiten?

	sehr viel				sehr wenig
Einkaufsbummel	1[1]	2[2]	3[3]	4[4]	5[5]
Aufenthaltsort	1[1]	2[2]	3[3]	4[4]	5[5]
Treffpunkt	1[1]	2[2]	3[3]	4[4]	5[5]
Gastronomiebesuch	1[1]	2[2]	3[3]	4[4]	5[5]
Zur Entspannung	1[1]	2[2]	3[3]	4[4]	5[5]
Sonstiges	1[1]	2[2]	3[3]	4[4]	5[5]

10. Was halten Sie in einer Innenstadt für besonders wichtig?

	sehr viel				sehr wenig
Grünflächen/Bäume	1[1]	2[2]	3[3]	4[4]	5[5]
Geschäftsangebot	1[1]	2[2]	3[3]	4[4]	5[5]
Spielgeräte für Kinder	1[1]	2[2]	3[3]	4[4]	5[5]
Abfallbehälter	1[1]	2[2]	3[3]	4[4]	5[5]
Parkplätze	1[1]	2[2]	3[3]	4[4]	5[5]

Viel Platz	1[1]	2[2]	3[3]	4[4]	5[5]

Gastronomieangebot	1[1]	2[2]	3[3]	4[4]	5[5]

Brunnen	1[1]	2[2]	3[3]	4[4]	5[5]
Beleuchtung	1[1]	2[2]	3[3]	4[4]	5[5]
Sitzgelegenheit	1[1]	2[2]	3[3]	4[4]	5[5]
Toiletten	1[1]	2[2]	3[3]	4[4]	5[5]
Aktionen (Kultur)	1[1]	2[2]	3[3]	4[4]	5[5]
Wochenmarkt	1[1]	2[2]	3[3]	4[4]	5[5]

11. Wie beurteilen Sie die Osterholz-Scharmbecker Innenstadt?

Gepflegt	1[1]	2[2]	3[3]	4[4]	5[5]	ungepflegt
Belebt	1[1]	2[2]	3[3]	4[4]	5[5]	unbelebt
Abwechslungsreich	1[1]	2[2]	3[3]	4[4]	5[5]	monoton
Übersichtlich	1[1]	2[2]	3[3]	4[4]	5[5]	verbaut
Historisch	1[1]	2[2]	3[3]	4[4]	5[5]	modern
Einladend	1[1]	2[2]	3[3]	4[4]	5[5]	abweisend
Sicher	1[1]	2[2]	3[3]	4[4]	5[5]	unsicher
Leise	1[1]	2[2]	3[3]	4[4]	5[5]	laut
Erholsam	1[1]	2[2]	3[3]	4[4]	5[5]	anstrengend
Stilvoll	1[1]	2[2]	3[3]	4[4]	5[5]	stillos
Günstig	1[1]	2[2]	3[3]	4[4]	5[5]	

12. In der Innenstadt Osterholz-Scharmbeck und in einzelnen Einkaufszentren gibt es unterschiedliche saisonale Maßnahmen und Veranstaltungen. Kennen Sie diese?

	ja	nein
Sportfest	O[1]	O[0]

Herbstmarkt	O[1]	O[0]
Beleuchtung der Fassaden und Baudenkmäler	O[1]	O[0]
Klosterholz Tombola	O[1]	O[0]
Oktoberfest-Feier	O[1]	O[0]
Weihnachtsbeleuchtung	O[1]	O[0]
Maibaum pflanzen	O[1]	O[0]
Weihnachtsmarkt	O[1]	O[0]
Weinfest	O[1]	O[0
Jubiläumsverkauf	O[1]	O[0]

Das Stadtmarketing OHZ, als auch das Marketingteam eines Einkaufzentrums versucht Sie als Kunden mit speziellen Aktivitäten zu gewinnen!

13. Welche Aktionen haben Sie in der letzten Zeit wahrgenommen?

14. Welche Aktionen würden Sie sich für die Zukunft wünschen?

15. Was würden Sie sich in einer Innenstadt wünschen?

16. Was würden Sie sich in einem Einkaufszentrum wünschen?

17. Beurteilen Sie abschließend die Innenstadt Osterholz-Scharmbeck!

1[1]	2[2]	3[3]	4[4]	5[5]

18. Was finden Sie besonders gut und was ist verbesserungswürdig?

19. Wie sehen Ihre persönlichen Erwartungen für die Innenstadt OHZ in den kommenden drei Jahren aus?

20. Haushaltsnettoeinkommen

Einkommen bis 1500 €	O[1]
Einkommen von 1500 – 3000 €	O[2]
Einkommen über 3000 €	O[3]
Keine Angabe	O[4]

Fragebogen im Rahmen der Expertenbefragung

Studiengang: **Management im Handel**

Interview mit dem Stadtmanager OHZ, Herrn Matthias Renken

Datum: 16.06.2006

Uhrzeit: 09.00 – 12.00 Uhr

1. Beschreiben Sie kurz den Standort Innenstadt Osterholz-Scharmbeck

Der Stadtmanager Matthias Renken aus Osterholz-Scharmbeck, demzufolge der Hauptver-antwortliche der Bereiches Stadtmarketing, beschreibt den Standort Osterholz-Scharmbeck grundsätzlich als attraktiv. Die Attraktivität ist sowohl bezogen auf die Ansiedlung für einzel-ne Geschäfte, als auch für die Seiten der Kunden/Besucher der Innenstadt. Es besteht zurzeit ein sinnvoller Mix aus Geschäften und Gastronomie, man hat ein gutes Zusammenspiel zwi-schen historischen Gebäuden (Kirche, Schlauchturm) und der Moderne geschaffen, welche zum verweilen, einkaufen und anderen Zwecken einlädt.

2. Wie bewerten Sie den Einzelhandel in der Innenstadt?

Herr Renken bewertet den vorhandenen Mix von Einzelhandel und vorherrschenden Filialis-ten durchwegs als positiv, denn Städte vergleichsweise Größe (z.B. Achim, Verden) besitzen ihrerseits eine „schlechtere" Mischung des Einzelhandels und der Filialisten. Der Einzelhandel in der Innenstadt hat sich mit dem Zusammenschluss zum so genannten Wirt-schaftstreff, welcher seit ca. 8 Jahren besteht und dem ca. 160 Mitglieder angehören, der Problematik von vermindertem/wandelndem Konsumverhalten und der Entstehung von Ein-kaufszentren angenommen, und agiert mit gemeinsamen Aktionen, Festen, Gutscheinen und einem generellen Miteinander gegen diese Strömung.

3. Was fällt Ihnen hierbei positiv und was negativ auf?

Positiv beschreibt Herr Renken die Sauberkeit, welche in einer Innenstadt von besonderer Bedeutung ist und welche auch bereits von den Gästen des Landkreises als vorbildlich bestä-tigt wurde. Die Größe der Innenstadt, als auch die Ausgewogenheit der einzelnen Felder Dienstleistung, Warenhandel und Gastronomie/Unterkünfte, sind weitere positive Aspekte.

Nicht nur in seiner Funktion als Stadtmanager, sondern auch als Privatperson genießt er den Flair der Innenstadt und den Bereich des Marktplatzes.

Negativ gesehen gibt es sicherlich noch einiges zu tun bzw. einige Kleinigkeiten, welche verbesserungswürdig sind (z.b. weitere benutzbare öffentliche Toiletten, Geschäfte für jüngeres Publikum) doch man sei bereits auf einem guten, solidem Wege.

4. Welche Gefahren sehen Sie in einer Geschäftsansiedlung auf der „Grünen Wiese"?

Einer Ansiedlung auf der „Grünen Wiese" muss man unter verschiedenen Aspekten sehen, und dürfte nicht von vornherein nur von der Konkurrenz ausgehen, welche immerhin auch ein Geschäft oder einen Bereich beleben könnte. Vor ca. 6 Jahren habe man laut Gutachten herausgefunden, dass ca. 5 Millionen DM an Kaufkraftpotenzial an einen großen Lebensmittelmarkt nach Bremen(Gebiet Ritterhude-Ihlpohl – Bremen; Real-Markt) abfließen bzw. an der heimischen Wirtschaft vorbeiflossen. Man einigte sich mit der Schaffung einer Innenstadtrandansiedlung, der sog. „Ansiedlung auf dem Pumpelberg"(Teilgebiet Osterholz-Scharmbecks) die Läden Marktkauf, Marktkauf-Baumarkt, Lidl, Aktiv, McDonalds an Osterholz-Scharmbeck zu binden und dem Abfluss der Kaufkraft entgegenzuwirken. Zwar ist dies nicht die primäre Innenstadt und es sind ebenfalls Läden, welche nicht wirklich Bestandteil eines Innenstadtsortiments sind oder werden können, doch mit einer geschickten Verknüpfung mit der Innenstadt profitieren nun alle Teilnehmer des Marktes.

5. Welche Möglichkeiten sehen Sie um Kaufkraft in der Innenstadt zu halten?

Wie bereits oben beschrieben, gibt es die Möglichkeit mit weiteren Geschäftsansiedlungen die bereits bestehenden Geschäfte zu stärken (es darf natürlich nicht zu einer Überschneidung der einzelnen Sortimente kommen). Weiterhin sollte man die Möglichkeiten und die Zusammenarbeit von Innenstadtgruppierungen fördern, und Verbänden wie z.B. dem Wirtschaftstreff in jeder Art und Weise unter die Arme greifen.
Des Weiteren ist es wichtig weiterhin für neue Geschäftsideen offen zu sein, und Neuansiedlungen zu unterstützen. Man sollte versuchen Geschäfte an diesen Standort zu locken, welche auch die Bedürfnisse von bisher fehlenden Gruppen befriedigen. So ist es dringend erforderlich weiterhin Sortimente für jüngeres Publikum und für Personen ab 60 Jahren zu „pushen".

6. Haben Einzelhändler Ihrer Meinung nach Interesse daran, dass die Innenstadt eine hohe Attraktivität besitzt?

Ja, natürlich! Das ist der Hauptpunkt bzw. die Hauptaufgabe weshalb der Verband des Wirtschaftstreffs so tätig ist bzw. tätig geworden ist. Mittlerweile muss man einfach erkennen oder anders gesagt wird es zum Glück mittlerweile erkannt, das man nur gemeinsam stark ist und eine gemeinsame Plattform benötigt, um gemeinsame Projekte anzuschieben.

7. Welchen Part übernimmt Ihrer Meinung nach das   örtliche Stadtmarketing?

Das Stadtmarketing an sich übernimmt breit gefächerte Funktionen, so z.B. die Aufgabe der Naherholung, Events (d.h. um Besucher zu gewinnen), aktuell den Betrieb der neugeschaffenen Stadthalle und natürlich auch die Organisation und Koordination für alle relevanten Aufgaben des Innenstadtbereiches, sowie die Stärkung aller Geschäftsbereiche (des Einzelhandels).

8. Welche Möglichkeiten von Zusammenarbeit gibt es?

Bereits im Text genannt

9. Kann man diese noch steigern?

Ja, gerade der Bereich der Kommunikation und die gegenseitige Unterstützung der einzelnen Interessengemeinschaften muss ständig gefördert, ausgebaut und weiterentwickelt werden. Auch die Bürger Osterholz-Scharmbecks müssen mit in die Verantwortung gezogen und für einzelne Projekte werden aktiviert/sensibilisiert werden.
Osterholz-Scharmbeck versorgt als Funktion des Mittelzentrums natürlich auch die umliegenden Gemeinden/Dörfer und muss sich ständig seiner Rolle bewusst sein. Das heißt also auch das man im Bereich der Lebensmittelversorgung (hierbei sind die Dörfer und Gemeinden mit eigenen Ansiedlungen relativ gut ausgestattet) den aktuellen Markt bestehen lassen kann, aber zum Beispiel in den Bereichen des Einzelhandels eine permanente Unterstützung, Förderung und zukünftigen Ausbau im Blick haben sollte.

10. Unterstützen Sie (Ihr Amt) die örtliche Zusammenarbeit?

Ja

11. Wie sehen Ihre persönlichen Erwartungen für die Innenstadt OHZ in den kommenden drei Jahren aus?

Die persönlichen Erwartungen des Stadtmanagers sind eine weitere Ansiedlung von neuen Geschäften, jedoch auch verbunden mit einem Wechsel bei bestehenden Einzelhändlern (Regulierung des Marktes). Eine fortlaufende Mobilität der Kunden, welcher man mit gezielten touristischen und marketingspezifischen Konzepten versucht „entgegenzuwirken", sowie ein weiterer (unterstützender) Ausbau von Interessengruppen, welche auch die Themen eines Stadtmarketings aufgreifen und – ehrenamtlich – bearbeiten. Schwerpunkte müssen in der Innenstadt gesetzt werden.

Fragebogen im Rahmen der Expertenbefragung

Studiengang: **Management im Handel**

Interview mit Bürgermeister OHZ, Herrn Martin Wagener

Datum: 12.06.2006

Uhrzeit: 09.00 – 11.30 Uhr

1. Beschreiben Sie kurz den Standort Innenstadt Osterholz-Scharmbeck

Als Bürgermeister versucht man natürlich durchweg eine gute Beschreibung des eigenen Handlungsraumes abzulegen bzw. ist stolz auf seine Stadt. Dies ist natürlich auch die Position, welche man nach außen hin vertritt/vertreten muss. Persönlich gemeint und gemessen an den Möglichkeiten ist der Bürgermeister Osterholz-Scharmbecks zufrieden mit der derzeitigen Situation, und lässt im gemeinsamen Gespräch sowohl positive als auch ein paar negative Aspekte der Innenstadt OHZ, als auch der bisherigen Arbeit durchklingen, auf welche noch im weiteren Verlauf eingegangen werden.

Der Standort Innenstadt muss deutlich positioniert werden und es bedarf einer Konzentration und dadurch einer Kräftebündelung in dem eigentlichen Kernbereich Innenstadt, welche als solche in OHZ ausgelegt wird und auch unter räumlicher Gestaltungssichtweise als solches erkannt wird. Vergangene Standards und die Auffassung man wolle jedes Geschäft in seinem Boot haben, also eine soziale Komponente der Stadt, gehören nicht mehr in die aktuelle Sichtweise der Politik, da man nur noch durch ein Miteinander von Geschäften, welche a.) selbst aktiv werden und b.) in das Raumkonzept passen, agieren kann.

2. Wie bewerten Sie den Einzelhandel in der Innenstadt?

Der Einzelhandel in der OHZer Innenstadt wird vom Bürgermeister durchweg als positiv bewertet, man habe zurzeit eine gute Spezialisierung von Fachgeschäften und verfüge über genügend Sortimentsangebote.

Zusammen mit der Wirtschaftsförderung der Stadt OHZ (federführend durch Herrn Stefan Tietjen) ist man mittlerweile Teil des EU-Projektes „RENET" und dort Liebpartner geworden. Das Projekt RENET fördert eine Neuauflage des einstigen GMA-Gutachtens (zuletzt vor 5 Jahren) zum Thema Innenstadt und schafft eine Neuauflage der Diskussion von neuen Absatzwegen, Internetportalen, Versorgungsmöglichkeiten in dörflichen Strukturen; sowie eine unterstützende Möglichkeit von der Qualifizierung von Mitarbeitern (Einzelhandel). Auch diese glückliche Fügung wird vom Bürgermeister als günstig benannt und wichtig im Schritt gemeinsam mit allen Akteuren der Innenstadt erfolgreich zu sein.

3. Was fällt Ihnen hierbei positiv und was negativ auf?

Als negative Problemfelder verweist der Bürgermeister OHZ auf das allgemeine Problem der einzelnen Grundstückseigentümer, von Kirchenlegaten mitten in der Innenstadt..., welches ein Agieren und Arrangieren von gemeinsamen Projekten erschwert. Des Weiteren fehlt es in der Geschäftsstruktur an geeigneten Einkaufsmöglichkeiten für Jugendliche und auch die Erlebnisorientierung, der Lauf tagsüber von Kundschaft sei noch entwicklungsfähig.
Negativ sei auch das etliche Geschäfte momentan am Rande oder unter ihrer Verkaufsfläche seien, und man durch die letzten „schlechteren" Jahre noch nicht ganz absehen könnte, welche Geschäfte einem Konkurrenzkampf noch gewachsen sind. Natürlich sei zu guter Letzt die Schließung des größten und einzigen OHZer Kaufhauses (Kaufhaus Reuter) zu nennen, welches zwar nicht unbedingt zur Innenstadt zählte, jedoch von besonderem emotionalem Wert war.

Positiv sei zu vermerken, dass auch die einzelnen Einzelhändler der Innenstadt sich weitere Läden, auch gerne mit sortimentidentischer Ausstattung, wünschen und die Zusammenarbeit im sog. „Wirtschaftstreff" (einer Vereinigung von allen Innenstadthändlern, mit gemeinsamen Aktionen etc.) hervorragend gelängen.
Auch neu sei der gezielte politische Ansatz die einzelnen Bürger mit in die Verantwortung zu nehmen, und diese beispielsweise durch eigene Diskussionsforen, Mitmach-Aktionen (z.B. Werkstatt Innenstadt) zu fordern und die Ideen und Anregungen mit auf zu nehmen. Durch eine öffentliche Haltung und Berichterstattung, verzichte man so auf Fehler in der Vergangenheit, und negative Erfahrungen, obgleich dieser Schritt auch sehr aufwendig sei.

4. Welche Gefahren sehen Sie in einer Geschäftsansiedlung auf der „Grünen Wiese"?

Bei einer möglichen Geschäftsansiedlung auf der „Grünen Wiese" sei als vorderstes Problem zu nennen, dass es nie zu einer Überschneidung von innenstadtrelevanten Produkten kommen sollte.
Die Konzentration außerhalb der Urbanität würde eine Bedrohung der Funktionalität der Innenstadt erzeugen, und die Innenstadt käme nicht mehr ihrer ersten und wichtigsten Bedeutung nach, nämlich den Bürgern einer Stadt einen Lebensraum, einen Einkaufsort und ein Erlebnis zu schaffen.
Durch eine Peripherieansiedlung und durch eine viel größere Ausstattung an Geschäftsflächen könnte es zu Innenstadtabwanderung kommen – Leerstände in der Innenstadt würden entstehen, welche im Falle OHZ gerade erst mit viel Müh und Not geschlossen wurden (Versorgungslücken).

5. Welche Möglichkeiten sehen Sie um Kaufkraft in der Innenstadt zu halten?

- Stärkung der derzeitigen Struktur
- Mitarbeit und Zusammenarbeit von allen ortsansässigen und innenstadtrelevanten Gruppen (Gespräche, Projekte, Aktionen....)
- Qualifizierung der Mitarbeiter
- Überprüfung von Sortimenten bzw. Geschäftsansiedlungen an der Peripherie, und dadurch Sicherstellung das es zu keinen Überschneidungen kommt
- Weiterhin Konzentration auf die Innenstadt (räumlich)
- Neue Ideen/Geschäfte, welche fehlende Kaufinteressen befriedigen können

6. Haben Einzelhändler Ihrer Meinung nach Interesse daran, dass die Innenstadt eine hohe Attraktivität besitzt?

Ja, natürlich ohne Frage. Nur durch eine gute Fluktuation und genügend Kundenverkehr kann ein Geschäft bestehen. Auch besondere Aktionen animieren die Besucher entweder in der Innenstadt zu bleiben (kaufen) oder animieren Neugierige und somit potentielle Neukunden nach OHZ zu kommen und dort zu bleiben (kaufen).

7. Welchen Part übernimmt Ihrer Meinung nach das örtliche Stadtmarketing?

Das Stadtmarketing übernimmt an dieser Stelle eine wichtige Rolle, da wie bereits vorher beschrieben eine gute Struktur an Aktionen, eine freundlich geschaffene Innenstadt, welche einladend und nicht abweisend wirkt, neue Besucher und somit Kunden bringt, und wiederum bestehende Kunden/Besucher bindet.
Das Stadtmarketing hat die Funktion die einzelnen Aktionen von einzelnen Gruppen zu bündeln, und man hätte – im Falle von Osterholz-Scharmbeck – schon viel früher erkennen sollen, dass diese Einrichtung u.A. (Innenstadt-)fördernd ist.
Stadtmarketing = Werbekraft für die einzelne Stadt/den Kreis

8. Welche Möglichkeiten von Zusammenarbeit gibt es?

Diese geschieht vorwiegend über den Landkreis und die heimische Wirtschaftsförderung

9. Kann man diese noch steigern?

Ja, natürlich

10. Unterstützen Sie (Ihr Amt) die örtliche Zusammenarbeit?

Ja, natürlich. Projekt RENET etc.

11. Wie sehen Ihre persönlichen Erwartungen für die Innenstadt OHZ in den kommenden drei Jahren aus?

Auch wenn ein Abschnitt von drei Jahren eher sehr kurz ist, wird man, laut der Meinung der Bürgermeisters Osterholz-Scharmbeck, seine bisherige Position stabilisieren und behaupten können. Auch eine Erhöhung der Mehrwertsteuer und vorhergehende schlimme Jahre im Einzelhandel seien kein Problem. Man werde in der näheren Zukunft das „Innenstadt-Gesicht" zwar etwas ändern, doch weiterhin darauf achten neue Geschäfte dort anzusiedeln und der Innenstadt weiterhin Vorzug gewähren, d.h. diese unterstützen.

Weitere Ansiedlungen am Stadtrand wird es zwar über kurz oder lang geben, doch auch hier wird weiterhin auf die Sortimente geachtet, um der Innenstadt nicht zu schaden.

HOCHSCHULE BREMEN
UNIVERSITY OF APPLIED SCIENCES

Fragebogen im Rahmen der Expertenbefragung

Studiengang: **Management im Handel**

Interview mit Centermanagerin Weserpark, Frau Mehrtens

Datum: 22.06.2006

Uhrzeit: 15 – 16 Uhr

1. Beschreiben Sie kurz den Standort Grüne Wiese, Weserpark!

Der Weserpark ist ein Teil des Ortes Osterholz und somit ein Teil von Bremen.
Wir sehen uns nicht als Standort Grüne Wiese sondern als Teil von Bremen am Stadtrand.
Wir sind direkt an die Stadt angebunden und nicht irgendwo auf der Wiese ohne direkte Orts-
anbindung, ohne überhaupt einen Ort um sich herum zu haben. Grüne Wiese sind für mich
weniger Einkaufszentren, sondern eher große Supermärkte wie z.B. Wal Mart.
Das ist jedoch eine Definitionssache, vor 18 Jahren, als der Weserpark geplant wurde war hier
wohl auch nur eine Grüne Wiese drum herum.
Der Weserpark wurde jedoch bewusst an diesem Standort geplant, welcher sich inzwischen
zum Gewerbegebiet Weserpark entwickelt hat, welches sich auch sehen lassen kann.

2. Wie bewerten Sie den Handel auf der Grünen Wiese?

Grundsätzlich sind wir sehr zufrieden und sehen den Weserpark als Ergänzung für die Bremer
Innenstadt.
Wir empfinden uns auch als Ergänzung zur Innenstadt.
Wenn es in Bremen keine Einkaufszentren gäbe, würde viel Kaufkraft abwandern.
Und Bremen ist aufgrund seines Standortes, praktisch eine Enklave und daher möchten wir
die Kaufkraft auch in Bremen halten.
Einkaufszentren sind die Zukunft des Einzelhandels nicht nur in Deutschland.
Metro expandiert gerade nach Polen und in die Türkei.
Die Einkaufszentren dort sind immer mindestens genauso groß wie der Weserpark.

3. Was fällt Ihnen hierbei positiv und was negativ auf?

Shopping Center als Sortimentsergänzung zur Innenstadt.
Negativ ist zurzeit leider noch die Verkehrsanbindung, wo es gerade zu Stoßzeiten, im Kreu-
zungsbereich, leider noch oft zu Verkehrsbehinderungen kommt.
In nächster Zeit stehen jedoch Baumassnahmen an, die diesen Zustand verbessern werden.

4. Welche Beweggründe gibt es um sich hier an der Peripherie anzusiedeln?

Um die Kaufkraft in Bremen zu halten.

5. Welche Gefahren sehen Sie für die Geschäftsansiedlung auf der Grünen Wiese?

Wichtig für die Innenstädte ist ein Städtekonzept für den Einzelhandel.
Um einfach zu sagen das hier sind die Innenstadt und zehn Center drum herum.
Es gibt ja Städtekonzepte wo geregelt wird was man noch zulässt oder nicht.
Zwischen dem FOC Center in Brinkum, Niedersachsen und Bremen hätte es eine bessere Ab-
stimmung geben müssen.

6. Welche zukünftigen Innovationen planen Sie um weiterhin eine solide Marktposition zu behalten?

Es gibt zurzeit keine geplanten Erweiterungen, aber ein Einkaufscenter ist im stetigen Wan-
del. 2004 gab es die letzten größeren Umbaumassnahmen, es wurden neue Fußböden verlegt,
Wasserspiele installiert und mehr Sitzgelegenheiten geschaffen.
Die Aufenthaltsqualität wurde deutlich gesteigert.
Dies sind Investitionen um die solide Marktposition zu erhalten, um wieder Standards zu
schaffen und neue Techniken einzubringen.
Wir haben z.B. ein neues Beleuchtungskonzept installiert, welches dem Kunden vielleicht gar
nicht so auffällt, aber er wird es als angenehm empfinden.
Was dem Kunden aber auf jeden Fall auffallen wird, sind z.B. neue Einkaufswagenboxen
bzw. neue definierte Standorte. Dem Kunden soll der Einkauf leichter gemacht werden.
Dies sind Investitionen die nicht in Mitteln wieder reinkommen, aber sie tragen zu einer angenehmen Atmosphäre bei.

7. Besteht ein Konkurrenzkampf zwischen Ihnen und den traditionellen Innenstädten?

Wir sehen uns mehr als Ergänzung zu den Innenstädten.
Wobei man natürlich ehrlich sagen muss das unsere Öffnungszeiten bis 20 Uhr den Innenstädten sicherlich voraus ist. Und wir dadurch gerade in den Abendstunden einen „Besucher-
schub" bekommen, da wir hier halt alle bis 20 Uhr geöffnet haben.
Die Einheit macht es und die Einigkeit untereinander fehlt in den meisten Innenstädten.

8. Besteht ein Konkurrenzverhalten oder ein Miteinander in der Einzelhandelslandschaft des Einkaufszentrums?

Konkurrenz hört sich immer so negativ an.
Nehmen wir Möbel Kraft als Beispiel. Wo ein Möbelhandel ist, kann auch ein zweiter Bestehen, da sich ein Käufer immer in mehreren Unternehmen um.
Genauso ist es im Bekleidungsbereich. Die Auswahl macht es interessant für die Kunden.
Im Weserpark gibt es eine Werbegemeinschaft wo alle Unternehmen angeschlossen sind. Jedes Unternehmen zahlt hier einen Betrag X ein und wählt vier Geschäftsführer die diese Werbegemeinschaft vertreten.
Somit wird dadurch auch neutralisiert. Gleiches Recht für alle.

9. Kann man einer möglichen standarisierten Einzelhandels Entwicklung entgegenwirken?

Das hat sich der Markt selbst zuzuschreiben. Es gibt hier mehrere Faktoren.
Die Struktur hat sich verändert. Die Kunden haben die Struktur verändert.
Die Kunden „stimmen mit Ihren Füßen ab" wohin sie gehen. Die Kunden fordern mehr Sortiment, mehr Auswahl, die Kunden, wir alle sind das die dies fordern.
Der Flächenzuschnitt ist ein anderer geworden und die Filialisten haben aufgrund ihres Mutterunternehmens im Rücken einfach einen längeren Atem, gerade wenn es darum geht schlechtere Zeiten zu überbrücken. Dies ist vielen kleinen Unternehmern heute einfach nicht mehr möglich.

10. Spielen Aktionen eine Rolle im Einkaufszentrum?

Wir möchten mit unseren Aktionen informieren und dem Kunden einen Mehrwert bieten.
Wenn man z.B. eine Jobbörse im Arbeitsamt macht, gehen dort nur die interessierten hin, findet so was jedoch im Einkaufszentrum statt zieht dies viel mehr Konsumenten an. Heutzutage muss man zum Kunden gehen.
Wir versuchen ein vielfältiges Programm zu gestalten. Es muss eine gesunde Mischung zwischen Information, Spaß und Unterhaltung sein.
Es ist aber ja auch sozialer Treffpunkt, ein Ort an dem man sich trifft.

11. Welcher Grund steht Ihrer Meinung nach dafür, dass immer mehr Menschen ein Einkaufszentrum aufsuchen?

Alles unter einem Dach. Die Bequemlichkeit des Kunden. Kunden bekommen hier einen Branchenmix der mit großen Läden zu vergleichen ist.
Und vor allem Kostenlose Parkplätze.

12. Welche Funktion übernimmt ein Centermanagement?

„Mädchen für alles". Ansprechpartner für die Mieter, wegen technischer oder kaufmännischer Probleme. Ansprechpartner für die Kunden, Beschwerden, Wünsche usw. Viele Kunden identifizieren sich mit Ihrem Weserpark und artikulieren sich auch wenn Ihnen etwas nicht gefällt, was für uns natürlich sehr hilfreich ist.

Weiterhin ist das Centermanagement für die Werterhaltung des Gebäudes zuständig, Reparaturen, Malerarbeiten usw.

Die Nachvermietung betreuen wir auch, um einen gesunden Branchenmix zu gewährleisten denn dies ist das A und O eines Einkaufcenters.

Auch die Bewerbung des Standortes und die Öffentlichkeit zählt zu den Aufgaben des Centermanagements.

13. Wie sehen Ihre Erwartungen für die „Grüne Wiese" bzw. speziell „Ihr Haus" in den kommenden drei Jahren aus?

Wir sind gut aufgestellt!